太雅

巴塞隆納自助超簡單

精選分區玩樂 × 實用點餐教戰

老蝦 著

Barcelona

西班牙地圖

法國
Francia

比斯開灣
Mar Cantábrico

大西洋
Océano
Atlántico

加利西亞
Galicia

阿斯圖里亞斯
Asturias

卡斯提亞
及里昂
Castilla y León

巴斯克
País Vasco
(Euskadi)

里歐哈
La Rioja

畢爾包
Bilbao

潘普洛納
Pamplona

薩拉戈薩
Zaragoza

昆卡
Cuenca

塞哥維亞
Segovia

馬德里
Comunidad
de Madrid

馬德里 Madrid

托雷多
Toledo

卡斯提亞曼查
Castilla la Mancha

薩拉曼卡
Salamanca

埃斯特雷馬杜拉
Extremadura

葡萄牙
Portugal

賽維亞
Sevilla

赫雷斯
Jerez

加地斯
Cádiz

科多巴
Córdoba

安達魯西亞
Andalucía

馬拉加
Málaga

格拉那達
Granada

莫夕亞
Murcia

瓦倫西亞
自治區
Comunidad
Valenciana

瓦倫西亞
Valencia

托爾托薩
Tortosa

偏尼伊斯科拉
Peniscola

萊里達
Lleida

蒙塞拉特山 ▲ Montserrat

塔拉戈納
Tarragona

加泰隆尼亞
Catalunya

卡爾多納
Cardona

巴塞隆納
Barcelona

赫羅納
Girona

費格拉斯
Figueres

車程 ~1.5hr

車程 ~1hr

車程 ~1hr

車程 ~1.5hr

車程 ~2hr

飛行 ~1hr

船程 ~2.5hr

馬略卡島
Mallorca

帕爾馬
Palma

巴雷阿里斯群島
Islas Baleares

巴利阿里海
Mar Balear

地中海
Mar Mediterráneo

N

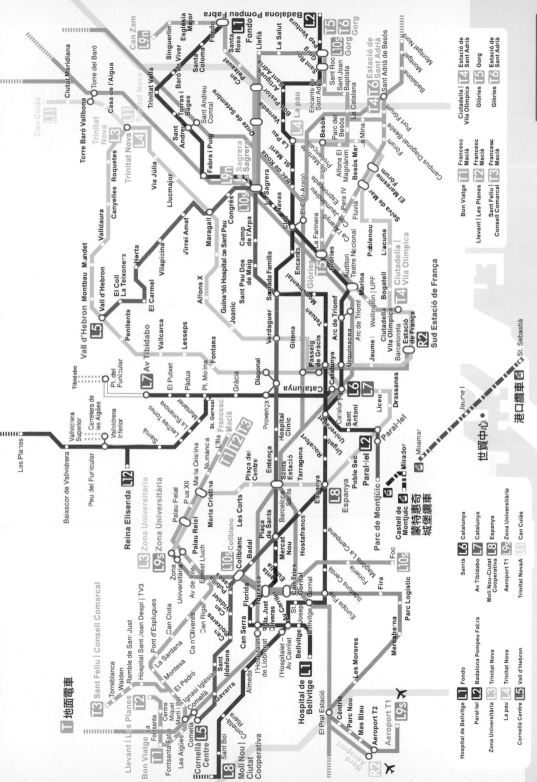

作者序

從祕魯開始，意外栽入西班牙飲食，為了更了解簡單又豪放的西人料理精髓，跑去學西文、觀察西人日常。我愛西班牙，不只是消費親民，還可以看到多元民族的歷史軌跡，除西班牙風土人文，北非、中東、拉丁美洲等地的影子也隨處可見，超級划算。就這樣默默地種下撰寫這本書的動機。從當初不會西班牙文的菜單亂點兵，到現在能熟練地點對自己想吃的料理，書中點餐〈西班牙老饕入門課〉，就是老蝦傳授嗑美食、躲地雷，吃真實原味西班牙的心法，把在西班牙的所見所聞分享給大家。

保守又自由奔放的西班牙，教會我在任何時刻心境都要保持彈性，下大雨就笑笑，喝杯咖啡度過一天。面對網路上西班牙治安的負評，實際走訪加上事前預防，放下成見反而心情更自在。切記，說自己是好人的通常是壞人，好人反而會跟你說西班牙小偷真的很多，還是得格外當心。

感謝家人與伴侶包容我常常動不動就消失得無影無蹤。感謝太雅總編芳玲姐、編輯云也指點，就像大海中的明燈。感謝西班牙小婦人的溫暖鼓勵、鐵鞋女孩的熱心支援，讓我回巴塞隆納就好像回家一樣。更感激好友Diamond 盛、前輩詹依庭與魔丸的支持，還有廣大讀者們的神救援，才有這本書的誕生。獻給你們。

老蝦

關於作者

臺灣人，因為一趟祕魯馬丘比丘之行，覺得此生一定要學西班牙語，才是真正圓滿。從此離開科技業，踏上西班牙學習之路。第一次到當地就進警察局、還在 1 年後收到來自馬德里的罰單，各種新奇體驗就此展開。不只被地中海飲食文化征服，也被熱情又懶散（？）的西人特質深深吸引，平日以觀察西班牙為樂，探索他們失業率高、又菸又酒卻如此長壽的祕訣。

除了旅遊寫作，亦是特約領隊，不定期開團帶著讀者一起享受西班牙時光。如果你聽說有個人不是在西班牙，就是在前往西班牙的途中，那人就是老蝦我。

老蝦不負責任的人生紀錄
部落格：shrimplitw.com
粉絲團：www.facebook.com/shrimpli2

編 輯 室 提 醒

出發前，請記得利用書上提供的 Data 再一次確認

　　每一個城市都是有生命的，會隨著時間不斷成長，「改變」於是成為不可避免的常態，雖然本書的作者與編輯已經盡力，讓書中呈現最新最完整的資訊，但是，我們仍要提醒本書的讀者，必要的時候，請多利用書中的網址與電話，再次確認相關訊息。

資訊不代表對服務品質的背書

　　本書作者所提供的飯店、餐廳、商店等等資訊，是作者個人經歷或採訪獲得的資訊，本書作者盡力介紹有特色與價值的旅遊資訊，但是過去有讀者因為店家或機構服務態度不佳，而產生對作者的誤解。敝社申明，「服務」是一種「人為」，作者無法為所有服務生或任何機構的職員背書他們的品行，甚或是費用與服務內容也會隨時間調動，所以，因時因地因人，可能會與作者的體會不同，這也是旅行的特質。

新版與舊版

　　太雅旅遊書中銷售穩定的書籍，會不斷再版，並利用再版時做修訂工作。通常修訂時，還會新增餐廳、店家，重新製作專題，所以舊版的經典之作，可能會縮小版面，或是僅以情報簡短附錄。不論我們作何改變，一定考量讀者的利益。

票價震盪現象

　　越受歡迎的觀光城市，參觀門票和交通票券的價格，越容易調漲，但是調幅不大（例如倫敦），若出現跟書中的價格有微小差距，請以平常心接受。

謝謝眾多讀者的來信

　　過去太雅旅遊書，透過非常多讀者的來信，得知更多的資訊，甚至幫忙修訂，非常感謝你們幫忙的熱心與愛好旅遊的熱情。歡迎讀者將你所知道的變動後訊息，善用我們提供的「線上回函」，或是直接寫信來 taiya@morningstar.com.tw，讓華文旅遊者在世界成為彼此的幫助。

太雅旅行作家俱樂部

目錄
CONTENTS

El Gat de Botero 肥貓雕像

Chapter 4
其他美食──
麵包、Tapas 任君選擇

如 何 使 用 本 書

　　經常為人規畫行程、解答西班牙旅遊疑惑的老蝦,透過此書,為想出遊巴塞隆納的你,介紹城裡城外的熱門景點、購物市集、好物店家、在地特色旅遊,還要傳授西班牙人的飲食習慣,搭配「食用西語」,讓你點餐無難事,天天都享道地佳肴!

行前資訊與交通指南

　　解析旅遊季節、住宿安全區域、訂房注意事項、大眾交通與自駕須知等,還有老蝦最常碰到的旅人 10 大疑問!

巴塞隆納行程規畫

　　提供「3 日經典路線」、「1 日精華路線」、「郊區 2 日遊」,並且提供用餐建議,為你省下安排行程的時間。

巴塞隆納分區景點

　　以分區介紹的方式,帶你遊逛巴塞隆納重要景點,搭配「旅遊知識」、「西班牙停看聽」等小專欄,讓你更加認識當地。

近郊經典景點

　　市區之外也要來場近郊輕旅行!除了告訴你郊區哪裡好玩,也提供 1 日遊路線和旅宿資訊等。

西班牙老饕入門課

　　解析西班牙人的早餐、午餐、下午茶，以及他們生活中不可或缺的美食；好用的「食用西語」，隨身攜帶就能在點餐時派上用場。

店鋪情報

　　從商品百貨，到咖啡館、小酒館，還有市場、市集和超市等，跟著作者的指引到西班牙挖寶，找到你想吃的東西、想買的物件。

旅遊小錦囊

　　前往巴塞隆納，所需要知道的當地生活資訊，包含衣著、時差、節慶、消費、上網、撥打電話、鐵路系統、防竊須知等，還有行李打包清單，看這裡就對了！

資訊使用圖例

http	網址	$	價格
✉	地址	➡	前往方式
☎	電話	⏳	停留時間
🕐	營業時間	注意事項	
休	休業日期	MAP	地圖頁面

地圖使用圖例

📷	景點	✚	醫院
🍴	餐廳	✈	機場
🛍	購物	🚃	火車站
💤	住宿	🚌	巴士站
✉	郵局	M	捷運站
●	地標		纜車站

行前功課不求人

〖 旅遊季節 〗

西班牙位在歐洲西南部的伊比利半島，與法國、安道爾以及葡萄牙比鄰而居，南邊與摩洛哥隔海相望。西班牙面積約 14 個臺灣大，南北氣溫差距懸殊，夏天可差攝氏 20 度以上，令人無法想像。最適合旅遊的季節是什麼時候？請見下表。

巴塞隆納旅遊月分天氣如何

月分	說明
1～3 月	溼冷有雨，寒流來襲時有降雪的可能。好處是遊客不多，而且 1 月有折扣季。
4～6 月	雨量偏少，溫度宜人。4 月復活節期間的節慶遊行，讓巴塞隆納彷彿不夜城。
7～9 月	潮濕悶熱，天空格外藍。7 月有折扣季。西班牙人在 8 月休年假，出來西班牙度假的歐洲遊客也不少。
10～12 月	日夜溫差大，需要禦寒準備，陰天居多，偶小雨。此時是各類蕈菇的採收季。

（製表／老蝦）

1. 巴塞隆納的酒莊葡萄園春季景／2. 西班牙金黃色的秋天

〖 簽證 〗

拜網路發達之賜，讓自助旅行門檻大大降低，臺灣赴西班牙的旅遊人數也逐年增加。由於西班牙屬於申根國，持中華民國護照進申根國家旅遊可免簽停留 90 天 (2021 年起，赴歐盟觀光需線上申辦 ETIAS 電子許可證)。出發之前，須確認有效護照至少還有 6 個月效期。

建議： 備妥離開申根區或返回臺灣的機票、財務證明、旅館訂房記錄、申根醫療險英文版，以利海關抽問時提出證明。

DATA ···

西班牙商務辦事處

✉ 臺北市民生東路 3 段 49 號 10 樓 B1 室

📞 簽證組 (02)2518-4901，商務組 (02)2518-4905

🕐 週一～四 09:00 ～ 11:30(送件時間)，週一～五 09:00 ～ 11:30(領件時間)

@ taipei@comercio.mineco.es

如果目的地機場有 2 座以上的航廈，務必確認你的航班航廈是哪一座

〖 機票 〗

西班牙三大機場分別為馬德里 (MAD)、巴塞隆納 (BCN)、馬拉加 (AGP)。臺灣飛往西班牙必須透過第三地轉機方可抵達。最短去程約 18 小時、最快回程約 16 小時。實際飛行時間可參考各家航空公司資訊。除了中華航空、長榮航空之外，其他如新加坡航空、阿聯酋航空、卡達航空、荷蘭航空，或其他歐洲航空等均有航點。

建議： 六個月前開始準備訂票，透過 Google Flight 追蹤票價，尋找適合自己的機票。

〖 行程小幫手 〗

 交通轉乘 GoEuro
網頁／iOS ／ Android

GoEuro 是自助歐洲不可或缺的交通規畫工具，尤其在設計跨國路線時。內有遍及歐洲境內 12 個國家的火車、巴士與航空時刻表；票價即時，可直接線上訂票。介面簡單明瞭，非常方便。

 叫車系統 Cabify
iOS ／ Android

類似 Uber 的叫車系統。車上備有全新瓶裝水、司機清一色是西裝帥哥，還會問你要聽哪一類型的音樂。Cabify 的價格比一般計程車便宜，提供車資試算，可確認是否合理，不怕司機繞遠路，在部分城市提供大車 (Cabify Group)，至少可載 6 ～ 7 人。老蝦建議從臺灣出發的夥伴用 Paypal 註冊提升成功率。

 美食平台 El Tenedor
網頁／iOS ／ Android

Tenedor 的西班牙文意思是叉子。網羅西班牙多數餐廳的美食平台，查詢菜單價位、營業時間、評價與免打電話直接線上預約。最吸引人的不外乎是偶爾便宜吃米其林餐廳的公益活動，或是透過平台預定餐廳直享半價優惠……等。

天氣預測 AccuWeather

網頁／iOS／Android

不要再上網發問幾月天氣如何了！出門在外天氣預測靠自己，可以搜尋目標城市未來45日的氣象預報，以及日出、日落、實際溫度、體感溫度、預計降雨量、降雪量、風級等資料，是外出旅行行程安排與服飾搭配的必備工具。

1. 臺灣飛西班牙尚未開放直飛，養成習慣在機場確認航班異動／2. 巴塞隆納機場內說明牌除了西文和英文外，還有加泰蘭文

〖 住宿訂房 〗

挑選安全、舒適、交通便利的旅館，是自助旅行者的重要課題。以巴塞隆納的雙人獨立衛浴房為例，平均1間房約臺幣3,000元起跳，青年旅館1張床位則約臺幣900元，住房價格會隨著旅遊旺季水漲船高。不論何時來巴塞隆納，建議至少1週前，線上預訂房間較為保險，一方面選擇多、另一方面不需要拎著行李擔憂下一站住哪裡。

超級重要！
巴塞隆納的安全區域

出門在外，安全是第一考量。最簡單區分巴塞隆納治安好壞的方法，就是以加泰隆尼亞廣場 (Plaça de Catalunya) 為分水嶺，廣場以北，例如格蘭韋亞大道 (Gran Via de les Corts Catalanes)，或是擴建區 (l'Eixample) 等比較安全的區域，搜尋這一帶的旅館即可，參考 P.026 地圖。

巴塞隆納的景點不全集中在舊城區 (Distrito de Ciutat Vella，例如拉巴爾區 El Raval、哥德區 Barri Gòtic)，因此，只要住宿鄰近捷運就很方便。

建議：避免住在捷運 Jaume I 站、Liceu 站、Barcelonaeta 站等區域，這些地方的出入分子較複雜，而且入夜後噪音較多。

3. 巴塞隆納公共腳踏車 Bicing ／ 4. 沿海區氣氛熱鬧／ 5. 巴塞隆納大學站 (Universitat) 外行人道，這裡也是安全區域

自助訂房該注意什麼

❶ 確認你想投宿的旅館類型 (青年旅館、星級飯店、公寓、民宿、B&B)。

❷ 根據行程與景點,鎖定旅館所屬區域。

❸ 根據預算、交通位置、電梯、生活機能、沐浴備品、無障礙設施等,進行細部篩選。

建議:如果你選擇旅館的主要考量是進出市區與機場交通方便,那麼捷運烏格爾站 (Urgell)、西班牙廣場站 (Pl. Espanya)、大學站 (Universitat) 周邊是我的推薦。

一定要照做！
確保訂房成功 3 步驟

有鑑於旅館詐騙事件日益增加,提供以下保險訂房的 3 步驟,讓你安心入住旅館。

Step 1 搜索 Google Map 在地嚮導評論、Tripadvisor 和訂房網的評價,確認旅館實際存在。

Step 2 透過官網、訂房網站等入口,進行線上或電話預約。

Step 3 確認預約成功,主動聯繫旅館告知預計抵達時間。

✎✎ 玩家交流

💬 獨特西班牙風味旅館

或許無法買下城堡成為堡主,但還是可以入住中世紀修道院,甚至古堡,發思古之幽情,品嘗在地風味料理,讓旅程與眾不同。推薦西班牙國營旅館帕拉多旅館 (Paradores),遍布西班牙的 Paradores 最大特色在於他們大多改建自城堡、宮殿、修道院等古蹟,在外觀沒有太多變動下,打造出豪華、舒適,價格卻不貴的旅館,雙人房每晚約臺幣 3,000 元含早餐不是夢。

1. 帕拉多國營旅館鑰匙／2. 昆卡帕拉多國營旅館的霸氣長廊／3. 昆卡帕拉多國營旅館所在之處遠離鬧區,安靜清幽是特色

1. 巴塞隆納旅館 El Puchi,乾淨寬敞,就在大學站旁／2. 旅館是否提供寄放行李服務,也是重要考量／3. 公寓旅館 (Apartamento) 尤其適合 3～4 人入住

西班牙大小事 Q&A

Q 西班牙治安好嗎？

西班牙有 17 個自治區、50 個省，以首都馬德里、巴塞隆納為最熱鬧的觀光區，但竊案也頻傳。這兩地旅遊尤需留意自身財物，使用暗袋或是防盜包最為保險。把握財不露白、用餐手機不上桌、走路不滑手機的原則，以免被小偷盯上，壞了旅遊興致。

人擠人的傳統市場也是小偷下手的熱門地點

Q 不會說英文可以到西班牙玩嗎？

官方語言是西班牙語，英文在大城市與北方度假勝地才派得上用場。別擔心，民族特質與臺灣人很像的西班牙人，熱情又親切，就算不諳西班牙語，肢體語言與文化尊重是走跳這兒的不二法門。

Q 西班牙自助安排幾天比較好？

西班牙比臺灣慢 7 個小時，在日光節約時間（從 3 月最後一個週日到 10 月最後一個週日）慢 6 小時，扣除搭乘飛機的時間與調整時差，建議第一次來訪西班牙至少安排 7 ～ 14 個整天，平均 1 座城市待2 ～ 3 天，享受慢活步調與陽光。

Q 西班牙當地消費貴嗎？

與臺灣相比，民生物資與生鮮食材在西班牙當地較便宜；與人力服務有關像是外食、計程車、大眾運輸工具等，則是西班牙比較貴。以吃為例，在巴塞隆納外食，平均每餐約 €15 ～ 30。旅行途中可穿插外食與自炊，到市場採購當季盛產食材做三明治或沙拉，也是降低開銷的好方法。

1. 啤酒促銷的廣告／**2.** 巴塞隆納市場現打果汁，自然的色彩繽紛美味

Q 西班牙有哪些禁忌？

在不熟的西班牙人面前，避談政治等敏感議題。如果有機會到西班牙人家裡作客，千萬不要穿鞋踩在剛拖完地、還沒乾的地板上，這可是非常失禮的行為。多一點對彼此文化與習慣的尊重，減少互相尷尬的情況。

西班牙公共場合絕對禁菸，請勿觸法

Q 飛西班牙的機票怎麼買才便宜？

出發的半年前開始關注飛歐洲航線的各大航空公司，例如阿聯酋航空、新加坡航空、卡達航空等，把握促銷活動優惠，儘量避開暑假旺季。善用香港、曼谷、首爾等轉機城市的便利性。如果恰好有臺胞證，可以選擇中國的航空公司，例如中國東方、中國國際航空等，在上海或北京轉機，也是省錢方法之一。

Q 跟店家要熱水泡奶粉方便嗎？

要在街頭巷尾找到飲水機不容易。如需要熱水，建議自備保溫瓶，或是利用到餐廳消費的機會，請服務人員提供熱水。熱情的西班牙人通常會親切地給予協助，凡是跟老人小孩有關，他們不會坐視不管。

附廚房的公寓旅館大多有煮水壺與摩卡壺

Q 在西班牙搭計程車安全嗎？

一般來說在西班牙搭計程車很安全，跳表收費，可招手叫車。如果不幸遇到司機隨意加價，可以拒絕付款，並且撥打專線112報警處理（希望最好用不到）。巴塞隆納計程車公定收費標準請見
http taxi.amb.cat/en/home。

1. 計程車與公車的專用道／ 2.Cabify 是西班牙在地手機叫車，類似 Uber（見 P.011）

Q 在西班牙消費刷卡方便嗎？

方便。多數餐廳商家幾乎都可刷卡結帳，除非是攤販或標明只收現金的店家。建議攜帶卡種為 VISA 或 Mastercard 的信用卡，過卡機率較高。在臺灣常見的 JCB 反而在西班牙不太好用。

Q 西班牙的無障礙空間普遍嗎？

大眾運輸工具多有附設無障礙設施，包括手扶梯、電梯，以及方便上下車的平臺。大部分的公車也以低底盤為主，對攜帶行李箱的旅客來說很友善，老蝦習慣旅途中拖行李箱時，選擇在市區搭低底盤公車。

巴塞隆納地鐵站內多沒有冷氣，也無洗手間

✈ 旅遊知識 ✈

怪事！0 樓、P 樓是幾樓？

在西班牙，樓層是從地面 0 樓（又稱 Planta baja）開始起算，也就是臺灣的 1 樓，電梯按鈕多以 0 或 B 表示，以此類推。眼尖的你或許會在巴塞隆納看到標示 P 樓的樓層，這又是幾樓呢？通常標有 P 樓的房子過去多為豪宅，因此大門都特別高，就是臺灣所謂的挑高。0 樓多半為店家使用的出租空間，P 樓（Principal）是屋主居住的樓層，P 樓往上才是 1 樓、2 樓等。

1 樓
P 樓
0 樓

0 樓的西文是 Planta baja、P 樓是 Principal、1 樓是 Piso

巴塞隆納交通指南

〖 巴塞隆納普拉特機場 〗

普拉特機場 (Aeropuerlo El Prat) 分第一航廈 (T1) 與第二航廈 (T2)。其中 T1 負責 7 成的乘載量，T2 以廉價航空或是境內班機服務為主，又分成 A、B、C 等 3 棟子航廈。從臺灣飛往巴塞隆納的航班，大部分在 T1 落地。如果在巴塞隆納轉西班牙境內班機，或是其他廉價航空，則要移動到 T2。

航廈設施

兩棟航廈之間的免費接駁車全天候每 6～7 分鐘 1 班，車程約 10 分鐘，步行則至少要走 4 公里，請三思。第一航廈管制區有速食店可買礦泉水。第二航廈有咖啡廳，管制區的沙發適合過夜休息。

1. 卡達航空基本在杜哈 (Doha) 轉機，持中華民國護照轉機免簽／2. 西班牙的機場推車免費使用／3. 巴塞隆納機場唯一香菸店指標（圖中右上角）

行李寄放

第一與第二航廈入境大廳有由 Excess Baggage Company 公司提供的行李寄放服務 (Consigna)。單件行李放 2 小時 €6，1 天最多 €10，寄放 14 天以上每件 €4.29；毋須預約，現金或信用卡付款皆可，現場提供無線網路與列印服務。還可預約將行李從機場快遞到市區旅館，或市區旅館快遞到機場的服務 (預約網址 bagsandgo.com/en)，每件 €12。

網卡購買

第一與第二航廈入境大廳均有電信公司據點 (Crystal Media Shop)，可購買 Vodafone 的預付卡。如果確認在此購買 SIM 卡，務必請店員協助安裝卡片與網路連線設定，確認沒問題再逕行離開。

DATA ·······················

普拉特機場行李寄放

http www.consigna.cat/en/

T1 入境大廳
ⓒ 24hr
📞 932 971 213

T2B 入境大廳
ⓒ 06:00 ～ 22:00
📞 932 971 272

出入境程序

★ 入境西班牙 (抵達)

Step 1 持中華民國護照入境歐盟觀光者免簽，毋須填寫入境表格。

Step 2 出示護照與必要簽證供海關檢查，毋須按壓指紋或拍大頭照。

Step 3 到行李區提領行李。

Step 4 往海關檢查檯前進，如不需申報則走一般通關。

★ 出境西班牙 (離開)

Step 1 飛機起飛前 3 小時向航空公司所屬航廈辦理報到、查驗機票護照與簽證、辦理託運行李並取得登機證。

Step 2 海關區證照查驗。

Step 3 手提行李 X 光檢查，必須脫下身上金屬飾品，如皮帶與手錶。

Step 4 前往登機門。

1. **A.** 通往公車、捷運、旅館接駁車 **B.**801-908 櫃檯報到處 **C.** 租車服務處 **D.** 計程車招呼站 **E.** 其他交通工具轉乘處 **F.** 失物招領、寄放行李、旅行諮詢中心／**2.**T1 入境大廳的行李寄放處 (圖片提供／ Excess Baggage Company)

轉機

　　轉機請預留至少 2 小時緩衝。在機場過夜候機的旅客，可利用機場管制區提供的免費休息空間，以及全天候營業的餐廳。管制區外也有座椅區可以休息（禁止躺在地上），並有警衛巡邏確認機場安全。

從機場前往市區，想搭巴士的人請認明淺藍色的機場巴士

比想像中簡單！
從機場往市區

　　下列從機場到市區的交通方式，以機場巴士的候車間距最短、最為方便。

交通工具	單程票價	是否可用 T10 車票卡	首末班車時間	特色
機場巴士	€5.9	×	第一航廈 05:35 ～ 01:35 - 第二航廈 05:35 ～ 01:00	1. 往市區方向停靠站有 Pl. Universitat、Gran Via-Urgell、Pl. Espanya 2. 往機場方向停靠站是 Pl. Catalunya、Sepúlveda-Urgell、Pl. Espanya 3. 15 天以內往返機場的人，可買來回票 €10.2
機場公車 46	€2.2	○	04:50 ～ 23:50	適合不趕時間，無大件行李的人
夜間公車 N17	€2.2	○	21:55 ～ 04:45	停靠第一航廈（★ 1）
夜間公車 N16	€2.2	○	23:33 ～ 05:13	停靠第二航廈
火車 R2 North Line	€2.2	○	05:30 ～ 23:00	停靠第二航廈，持 Hola BCN 卡免購票
機場捷運 L9	€4.6	×	週一～四、日 05:00 ～ 00:00 週五至 02:00，週六 24 小時	適合趕時間的人，降低塞車風險
計程車	€20 起	×	24 小時	推薦不方便搭乘上述工具的旅客選擇計程車。市區到機場可走高速公路，建議提早出發以免遇上塞車

★ 1.N17 從市區 Ronda Universitat-Pl. de Catalunya 出發時間為 23:00 ～ 05:00。／ 2. 以上資料時有異動，機場捷運遇特殊節日亦會調整時刻表，搭乘前請再確認。(製表／老蝦)

DATA ••

機場巴士 Aerobus Barcelona
http www.aerobusbcn.com/en
☎ 902 100 104

公車與捷運 TMB
http www.tmb.cat/ca/home
☎ 932 987 000

〖 市區交通一卡就通 〗

　　觀光景點幾乎座落在巴塞隆納第1區 (Zone 1)，例如沿海區、舊城區、擴建區等。2020年1月1日開始發行的 T-casual Zone 1 車票卡可搭乘第1區內的**捷運、FGC、TMB巴士、Renfe火車**（往返機場除外）。

　　T-casual 車票卡提供10次額度，僅供單人使用。如果有兩人需要刷車票卡，則需購買兩張，車票背面條碼紀錄已經使用的次數，刷完再購買新卡即可。市區公車、捷運單程票 €2.40，如果需要在市區第1區搭

車超過5次以上，建議買 T-casual 車票卡比較划算。75分鐘內有轉乘優惠。例如1小時內捷運轉公車，雖然上車都需要刷卡，只會收1趟的車資。

　　另有 T-usual 卡 (€40) 可單人30天內不限次數搭乘，或是 T-grup 卡 (€79.45) 可30天內多人共用刷70次。

請注意：2019年發行的 T10 車票卡可用至 2020年2月29日，限單人使用，無法多人共用。

T-casual 車票卡小檔案

巴塞隆納聖徒車站

T-casual 票卡

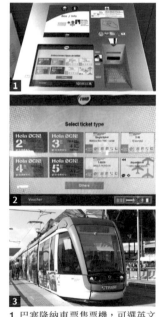

票價：€11.35

使用次數：10次

使用方式：插入閘口票夾

可否多人使用：否

是否要押金：否

是否可加值：否

2020後走入歷史的 T10 票卡

哪裡買：捷運或地鐵站自助售票機、TMB官網線上（需註冊）

使用期限：購卡後一年內（每年1月1日可能進行票價調整）

1. 巴塞隆納車票售票機，可選英文介面／2. 巴塞隆納車票售票機亦可收信用卡，記得預先向銀行開通4位密碼／3. 巴塞隆納輕軌 Tram

〖 西班牙國鐵火車 Renfe 〗

平穩乾淨又整齊，讓我第一次搭 Renfe 就留下深刻的好印象。Renfe 有點像台灣高鐵加臺鐵，是非常現代化且便利的鐵路系統，覆蓋面積遍布西班牙各地，尤其往來馬德里與巴塞隆納之間，巴士需要 7 小時的車程，火車則 2 ～ 3 小時即可抵達。尤其從南部格拉納達前往馬德里、巴塞隆納開放火車直達後，觀光更便利了。

DATA

火車 Renfe

http www.renfe.com 　 912 140 505

票種介紹

觀光客比較常用到的是長程火車（如 AVE）與中程火車（如 AVANT、R.EXPRES）。火車艙等分為 Turista(經濟艙)、Turista Plus(豪華經濟艙)、Preferente(商務艙)，有座位大小、是否供餐、是否有餐車等差別。票價除了依照艙等區分，也會依照票種 (Mesa、Promo、Promo+、Flexible) 有區別（見下表）。出發前列印電子車票或搭乘時出示車票上的 QR Code 即可上車。

常見 Q&A
（老蝦整理）

Renfe 火車票種

票種	特色	能否改票	能否退票
Mesa	一次要買 4 張，人多划算	×	○ (50% 手續費)
Promo	不可選位的特價票	×	×
Promo+	可選位的特價票	○ (20% 手續費)	○ (30% 手續費)
Flexible	價格最高，但彈性也最多	○	○ (5% 手續費)

★資訊時有異動，搭乘前請再確認。（製表／老蝦）

建議： 如行程已確定要搭乘火車，強烈建議 2 ～ 3 個月以前線上訂票（也有可能 1 個月前才公布車班，以官方資訊為準）。

1. 西班牙國鐵售票處。在台灣訂車票亦可找「飛達旅遊」，還能幫忙評估是否適用 PASS ／2. 買火車票免排隊的 Renfe 售票機／3. 現場購票的 Renfe 車票／4. Renfe 售票機

〖 西班牙租車任我行 〗

在西班牙，很多城鎮不見得有火車站或是巴士站，開車走一趟反而相對方便，沿途經過的不知名小鎮，想停就停，邊逛邊拍，是另一種旅行方式。

駕車常識與租車需知

西班牙駕車方向與臺灣一樣都是左駕，優先禮讓行人、禁止隨意按喇叭、駕駛乘客均繫安全帶、身高未滿 135 公分需坐安全座椅且禁坐前座是基本常識。只要攜帶在臺灣換發的國際駕照正本，以及效期內的臺灣駕照正本，駕駛者擁有信用卡以便做擔保授權，即可在西班牙租車；此外，租車駕駛人需年滿 25 歲以上，低於 25 歲多半需負擔額外費用。

租車不難，但為了避免發生不必要的糾紛，謹記以下 3 件事，多一分留意，也多一分保障。

❶ 取還車時用相機拍攝車輛外觀，確認車身沒問題再簽名離開。

❷ 取車時確認保險是否為零自付額，或提前購買第三方租車自付額保險。

❸ 提早下載離線地圖，或是準備穩定的網路分享器（見 P.102）當作導航使用。

1. 有些美景只限租車自駕，才有機會一親芳澤／ 2. 巴塞隆納聖徒車站 (Barcelona Sants Estació) 1 樓大廳有數家租車公司／ 3. 馳騁高速公路，小心別超速

玩家交流

💬 **我的西班牙交通罰單**

第一次在西班牙開車就收到誤闖人行道的罰單，為避免讀者重蹈我的覆轍，在路上只要看到「Area RestrIngida」或是「Atención」的標誌，務必放慢車速，留意標誌旁的小字，哪個時段禁止汽機車通行，或是只限定救護車、行人與腳踏車通行。如果不幸收到交通罰單，通常會由租車公司通知當初預約的人，或是罰單會直接送到租車時留下的臺灣地址，再根據罰單指示線上刷卡繳費即可。

💬 **高速公路收費站**

很重要：西班牙高速公路收費站有分自助刷卡 (tarjetas)、人工收費 (Manual)、或類似 ETC 的收費方式 (VIA T，圖為藍色圓底 T 字)。如果不小心跑錯收費道路，勿隨意變換車道或是倒車，冷靜打閃燈並且下車按鈕呼叫工作人員來救援就好

圓環與專用道

圓環 (Rotatoria) 的功能跟紅綠燈有些類似。行車進入時,優先禮讓圓環內車輛,同時禁止超車。許多鄉間小鎮的圓環出口多、距離又近,不熟悉路況的駕駛容易錯過目標

出口。別慌張,只要再多繞一圈就行了。再者,市區內多有自行車或公車專用道,這些專用道可能全天候,或是特定時間禁止其他自用車輛通行。在市區內駕駛時,務必放慢車速,拉長應變時間,降低被監測快照 (Control de velocidad) 開罰的機會。

停車格類型

不同顏色的停車格線,代表不同的使用限制,看到車位時請先看清楚,確定沒問題再停進。

停車格線顏色	說明
白	如無文字說明,則為免費停車格。但在巴塞隆納市區,白色停車格只限居民專用
藍	限時付費停車格,1 次約 2 小時 (★ 1)
綠	居民或是特定人士專用停車格,有些綠色停車格也開放非居民使用,1 次約 1 小時
黃	貨車用臨時卸貨區,觀光客禁停
紅、黑	禁止停車

★ 1. 若停車超過時間,記得當場繳費;未繳費將會收到罰單,需至銀行補繳。(製表／老蝦) 2. 偷偷說:巴塞隆納也有免費停車場。蒙特惠奇山、西班牙廣場、靠近 Parc del Maresme 的海邊、大學區 (Zona Universitaria) 這一帶都有,因為免費自然也很熱門。

加油流程

在鄉鎮的加油站多採自助式,汽油單價比人工加油站便宜些,每公升約 €1.35。加油流程與臺灣略有不同。**流程如下:熄火下車→選擇油槍→開始加油→加油完成→鎖好油蓋→到加油站附設商店的櫃檯告知油槍機臺號碼→現金或信用卡結帳。**(建議:記得用洗手間再離開!)

1. 馬德里市區停車場門口,在都市找車位真的煞費苦心／ 2. 路邊停車格的計費器,停車後先來按表再離開／ 3. 停車費票背後也不忘打個餐廳廣告／ 4. 加油站附設休息站有大有小,一定都有免費洗手間

自駕省錢撇步

☆ 避開 AP 公路

西班牙租車費用不算貴，巴塞隆納手排車租金 1 天約 €30、自排車租金 1 天約 €40。自駕成本主要在於高速公路通行過路費、停車費與油錢。西班牙高速公路分兩種，免過路費的 Autovía(縮寫 A) 與收費的 Autopista(縮寫 AP)。如果不趕時間，可以將導航設定避開收費道路，因為 AP 公路的收費之貴，會讓你下巴歪掉。例如馬德里開到塞哥維亞 (Segovia) 車程 1 小時，單趟過路費為 €8.25。

☆ 留意夜間停車

在西班牙停車，大多需要收費，大城市例如巴塞隆納的市區付費停車場，1 晚約 €30〜35，且大城市旅館不見得附停車場，需自行找付費停車場。靠近郊區的旅館則多提供房客免費停車位，可省下不少錢。

╲╲ 玩家交流 ╱╱

💬 自保安全為第一要務

停車後欲取後車箱的行李之前，記得請同伴先下車盯緊，再開啟後車廂，避免小偷集團趁機搬走行李。貴重物品請勿留在車內顯眼處，亦可能被敲破車窗偷走。

如遇惡人逼車，要求你下車，謹記不開窗也不下車，直接手機撥打 **112** 報警。自駕過程中發生任何事情**請先報警**，**再通知租車公司**。記得保留筆錄，才有機會申請理賠。

實用西語

公車與計程車專用道 ⇒ Taxi Bus Solo

停車場 ⇒ Aparcamiento

高速公路收費站現金通道 ⇒ Manual

高速公路收費站刷卡通道 ⇒ Tarjeta

免費 ⇒ Libre、Gratis

上班日（週一〜五）⇒ Laborables(LAB.)

週六 ⇒ Sábado

週日 ⇒ Domingo

節慶 ⇒ Festivo

有攝影機 ⇒ Controlado por camara（標誌通常是橘色底）

訪客用停車位 ⇒ Estacionamiento para visitas

A. 免費高速公路／B.M 開頭的路名也是免費道路／C. 免費休息站／D. 往 Collado Villalba 前進

如何繳罰單

巴塞隆納分區景點

以加泰隆尼亞現代主義建築爲首，

搭配無敵市景、熱鬧傳統市集，

從中古世紀穿梭回到現今的巴塞隆納。

行程規畫 ●●●●●●●

　　巴塞隆納是西班牙第二大城，也是地中海最有魅力城市之一，不論打算在西班牙待幾天，它都是不容錯過的重要城市。這個城市的地鐵與公車網絡便利，市區與郊外連結交通方便。保有古時風貌的舊城區，像是游蛇一般的小巷左拐右彎，越往巷裡走，窄身得很，還好這一區多處禁止車輛通行，不用擔心會跟車子碰來碰去。

　　如腿力許可，散步是品味巴塞隆納的首選。下頁行程規畫，介紹旅遊巴塞隆納市區的 3 日經典路線，或是行程較為匆忙可參考 1 日精華路線，另有巴塞隆納郊區 2 日路線，擴大你的旅遊範圍。請準備好相機、防盜包與一雙好走的鞋，開始體驗屬於自己的巴塞隆納時光吧！

蘭布拉大道的觀光巴士 (Barcelona Bus Turístic) 諮詢站

3 日經典路線

Day 1

行程簡介：

3 天 2 夜的安排，從中世紀保存至今的舊城區散步開始，感受時間的流動是那般愜意與悠哉。到「雨傘之家」欣賞過去設計師們在建築上的小巧思，到「大教堂」悼念過去的聖人，在「主教橋」祈求夢想成真，駐足「皇家廣場」找找高第設計的盔甲街燈……邊走邊留意腳下百年店家的標誌牌，相機的快門也不能停著。

遊逛順序：

從舊城區出發⇒雨傘之家 (P.041) ⇒巴塞隆納大教堂 (P.040) ⇒主教橋 (P.042) ⇒巴塞隆納市政廳 (P.041) ⇒聖若梅廣場 (P.041) ⇒皇家廣場 (P.042) ⇒佛朗明哥秀表演 (P.098)

早午餐：西班牙炸油條與熱巧克力
晚餐：Tapas 風味餐

Day 2

行程簡介：

離開中世紀步入近代，從政商富豪相繼蓋房子的格拉西亞大道開始，高第設計的民用住宅「米拉之家」、又有骨頭屋美稱的「巴特由之家」，數間房子並排、外觀完全不搭嘎的「不和諧街區」，摸不著頭緒嗎？高第一貫的波浪造型，視覺上的饗宴從這裡開始。隨後踏上巴塞隆納經典指標「蘭布拉大道」，走進巴塞隆納最大的廚房「波格利亞市場」，看看這兒賣些什麼，傳統菜市場就是西班牙生活的縮影。

遊逛順序：

從格拉西亞大道 (Passeig de Gràcia) 出發⇒米拉之家 (P.066) ⇒巴特由之家 (P.067) ⇒不和諧街區 (P.067) ⇒加泰隆尼亞廣場 (P.068) ⇒蘭布拉大道 (P.051) ⇒波格利亞市場 (P.052) ⇒奎爾宮 (P.053) ⇒哥倫布塔 (P.054)

早餐：酒吧美饌　**午餐：**傳統每日特餐　**晚餐：**海鮮燉飯

Day 3

行程簡介：

造訪如童話般的「奎爾公園」，細細品味高第大師的理想社區藍圖。聽說附近有世界最美醫院，原來是多明尼克大師設計的「聖十字聖保羅醫院」，沒有買票入場就太可惜。除非親眼見到病床，否則很難相信這曾經是貧民醫院。接著是高第未完

成的遺作「聖家堂」，這是唯一未蓋完就列入世界遺產的作品。最後在多明尼克設計的「加泰隆尼亞音樂宮」，見識結合各式素材、搭配光線律動的音樂表演聖地。

遊逛順序：

奎爾公園 (P.062) ⇒聖十字聖保羅醫院 (P.036) ⇒聖家堂 (P.032) ⇒加泰隆尼亞音樂宮 (P.045)

午餐：巴斯克 Pinchos 料理
晚餐：加泰隆尼亞風味餐／特色海鮮快炒

1 日精華路線

Plan A

行程簡介：

因世界博覽會甩開過去灰暗包袱的巴塞隆納，以西班牙廣場為起點，在前鬥牛場華麗變身的「阿勒那競技場」展開現代藝術之旅，在「會展中心」前搭專線公車蜿蜒而上，欣賞有峭壁也有平緩山路的蒙特惠奇山，在「蒙特惠奇城堡」擁抱地中海。回程可在「米拉瑪花園」搭港口空中纜車，或下山駐足氣勢磅礡的「加泰隆尼亞國家藝術博物館」，占個好位子，等候晚上的「魔幻噴泉」水舞表演。

遊逛順序：

西班牙廣場 (P.057) ⇒阿勒那競技場 (P.057) ⇒蒙特惠奇城堡 (P.059) ⇒米拉瑪花園 (P.059) ⇒加泰隆尼亞國家藝術博物館 (P.058) ⇒魔幻噴泉 (P.058)

早午餐：傳統每日特餐　晚餐：Tapas 風味餐

Plan B

行程簡介：
從巴塞隆納出發前往東北方的「達利戲劇博物館」，親眼見識超現實主義藝術家達利親自設計的各種「狂」與「傲」。從建築外觀布滿的麵包與雞蛋開始，感受截然不同的想像空間。結束後在 Hotel Duran 享用每日特餐，再搭火車回到加泰隆尼亞廣場，逛街血拼去。

遊逛順序：
費格拉斯達利戲劇博物館 (P.076) ⇒
加泰隆尼亞廣場 (P.068)

午餐：加泰隆尼亞每日特餐
晚餐：異國料理餐

備註：時間允許，可再增加半日行程 A：卡梅爾碉堡 (P.037) ⇒維森斯之家 (P.063)，或半日行程 B：畢卡索博物館 (P.048) ⇒海洋聖母教堂 (P.046) ⇒城堡公園 (P.047)⇒凱旋門 (P.047)

近郊 2 日遊

Day 1

行程簡介：
酒莊是西班牙最美而且可以喝的風景之一。到千年古堡「歐耶城堡酒莊」，品嘗使用有機農法種出的葡萄，喝喝看他們的葡萄酒風味有何不同！結束後前往宗教聖地「蒙塞拉特修道院」，瞻仰西班牙黑面聖母的慈容，洗滌來自塵囂的雜亂。晚上入住有神祕小女孩傳說的國營旅館「卡爾多納城堡」。並且，在古堡內品嘗當地料理小羊排 (Paletilla de cabrito)。

遊逛順序：
歐耶城堡酒莊 (P.080) ⇒
蒙塞拉特修道院 (P.079) ⇒卡爾多納城堡 (P.092)

午餐：酒莊巡禮
晚餐：卡爾多納傳統餐

Day 2

行程簡介：

塔拉戈納位於緊鄰地中海的小丘上，擁有西班牙最完整保存羅馬殖民的古蹟。參觀與魔鬼交易的「羅馬水道橋」，羅馬人為何大費周章在荒野搭了一座水道橋？到「塔拉戈納觀景臺」看海，掃去旅途中的疲累，到沙灘踩踩水，在「圓形劇場」想像羅馬的人獸鬥場也曾歡騰過，最後到「中央市場」品嘗道地加泰蘭風味 (Gastronomía de Cataluña) 小吃。

遊逛順序：
塔拉戈納 (P.082) ⇒ 羅馬水道橋 (P.083) ⇒
疊人塔 (P.084) ⇒ 塔拉戈納觀觀景臺 (P.085) ⇒
圓形劇場 (P.086)

午餐：加泰隆尼亞自助餐　　**晚餐：**中央市場大鍋燉麵

✈ 旅遊知識 ✈

巴塞隆納分區特色

舊城區 (Distrito de Ciutat Vella)：涵蓋拉巴爾區 (El Raval)、哥德區 (Barri Gòtic)、巴塞隆內塔 (Barceloneta)、沿海區 (Sant Pere-Santa Caterina i la Ribera) 等區，自古至今是地中海商業重鎮。蘭布拉大道將拉巴爾區、哥德區左右劃分。

蒙特惠奇山區 (Sants-Montjuïc)：以各式展覽館著稱。

擴建區 (L'Eixample)：充滿階級地位較勁的區域，以現代建築主義聞名；聖家堂為這一區的重點。

巴塞隆納新舊建築交織，流露源源不絕的活力與朝氣（中央雕像為哥倫布塔，右手邊是現代主義風格的巴塞隆納海關 Aduana del Puerto de Barcelona）

Sagrada Família y área circundante
聖家堂周邊

每年將近 500 萬遊客造訪的世紀巨作，永受世人歌頌讚歎。

擴建區最熱門的景點，非聖家堂莫屬。當初在聖家堂售票處排隊買票時，對於不便宜的票價感到心痛。然而在我踏入聖家堂的那一瞬間，頓時變成充滿好奇心的孩子，在聖家堂內四處尋寶，探索高第留在各個角落的訊息。當然，巴塞隆納不只有高第，還有許多建築豪傑在這座城市中揮灑他們的創意美學，來到這裡，請盡情享受這座世界獨一無二的藝術寶庫。

聖家堂周邊地圖

■卡梅爾碉堡

Cuinardó | Hospital de Sant Pau
Navas Ⓜ
Carrer de Sant Antoni Maria Claret
Camp de l'Arpa
Carrer de Sant Quintí
Carrer de la Nació
Avinguda Meridiana
Carrer del Mas Casanovas
聖十字聖保羅醫院
Carrer de Sant Pau
Ronda del Guinardó
Alfons X Ⓜ
Carrer del Dos de Maig
Clot Ⓜ
Sant Pau | Dos de Maig
Chocofiro巧克力專賣店
Carrer de Lepant
Carrer de la Independència
Mercadona超市
Carrer del Rosselló
Carrer de Provença
Joanic Ⓜ
Carrer de Sant Antoni Maria Claret
Carrer de la Marina
Av. de Gaudí
Carrer de Mallorca
Encants
聖家堂市場
Carrer de Valencia
Carrer de Cartagena
KFC
Sagrada Familia Ⓜ 高第公園
La Paradela
La Farinera
阿格巴塔
McDonald's 聖家堂
Carrer d'Aragó
Carrer del Consell de Cent
Carrer de Badajoz
聖家堂公園
Carrer de Sardenya
Starbucks
Vodafone電信
Glòries
Carrer de Bailén
舊貨市場
Gran Via de les Corts Catalanes
Lidl超市
Verdaguer Ⓜ
Avinguda Diagonal
Monumental
Mercadona超市

N

聖家堂 Sagrada Família

上帝的建築師，唯一未完工即列入的世界遺產

||||||||||||||||||||||||||||||||||||||||||||||||||||||||

聖家堂的起源

1872 年，虔誠的天主教徒 Josep Maria Bocabella 計畫蓋一座贖罪教堂，奉獻給信仰中的神聖家族。他於是買了塊地，請建築師法蘭西斯 (Francesc de Paula del Villar) 開工。動工後，法蘭西斯與顧問意見不合，因此顧問推薦高第接手聖家堂。除聖壇地下室之外，其餘的原稿都被高第重新設計，風格也從原本的新哥德式轉為現代主義，成為現在大家所看到的聖家堂。

高第過世之後

接手後 43 年到車禍過世前，高第日以繼夜地為聖家堂工作。到 1926 年他過世當時，施工進度已完成聖壇地下室、迴廊、誕生立面 (Fachada del Nacimiento)、後殿與 4 座塔樓。教堂工程一度因西班牙內戰干擾而中斷，雖有不少重要資料於戰爭中毀損，但是在後輩努力重繪藍圖之下，終於在 1954 年重新動工，開始打造受難立面 (Fachada de la Pasión)。參觀時，不難發現誕生立面、受難立面色澤與手法上的差異。

聖家堂的特色

新哥德式尖頂塔樓造型，直衝天際，從卡梅爾碉堡遠眺市區，聖家堂總是最耀眼突出的那一座。最高的耶穌之塔 (Torre de Jesucristo) 高達 172.5 公尺，包含 3 個立面、5 個中殿、18 座尖塔。立面分別為誕

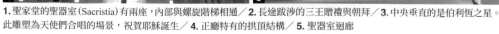

1. 聖家堂的聖器室 (Sacristía) 有兩座，內部與螺旋階梯相通／ 2. 長途跋涉的三王贈禮與朝拜／ 3. 中央垂直的是伯利恆之星。此雕塑為天使們合唱的場景，祝賀耶穌誕生／ 4. 正廳特有的拱頂結構／ 5. 聖器室迴廊

誕生立面的完整風貌

與捐款贊助,另一方面,受戰爭波及,使得設計文件四散,後輩需花更多時間拼湊出當初高第的設計圖。即便工程艱鉅,徒子徒孫仍希望在高第逝世百年的 2026 年完工。

生立面、受難立面與榮耀立面 (Fachada de la Gloria)。聖家堂活似立體版的聖經,18 座尖塔分別代表耶穌、聖母瑪莉亞、十二門徒、新約聖經四福音書作者 (馬太、馬可、路加、約翰)。

聖家堂的未來

人們問高第為什麼要花那麼長的時間蓋聖家堂,高第很酷地回答:「急什麼?我的客戶 (上帝) 並不急。」

那麼,自 1882 年起,究竟為什麼過了數百年的時間仍尚未完工?一方面,聖家堂的本質是贖罪教堂,施工進度取決於門票收入

╲╎ 玩家交流 ╎╱

💬 帶你看聖家堂知名景點

誕生立面

透過日常生活述說耶穌年少時所歷經的故事,不難看出誕生立面的風格偏向溫馨愉悅。尤其耶穌誕生時,萬眾朝拜的盛況,在中央頂柱上栩栩如生。不覺得很像雕刻版的聖經故事,躍然於紙上嗎?

受難立面

有別於誕生立面的柔和與氣派,此立面用樸素單一的風格,呈現耶穌受難的痛苦與過程。哭泣的瑪莉亞、十字架上的耶穌、最後的審判。

哪一座塔頂比較好看?

誕生立面與受難立面的兩座塔互不相通,無法一票通吃!若只能擇一,建議登上誕生立面的塔,畢竟是高第原作。如果想要更好的視野,可選擇受難立面。

高第的墳墓在哪裡?

想憑弔高第之墓的話,請前往聖家堂的聖壇地下室 (La Cripta)。一般時間可以在 1 樓受難立面入口找到玻璃窗,往下俯瞰聖壇地下室,除非是彌撒時間才會開放參觀。

彌撒資訊:可免費參加,請保持安靜,不要拍照

西語彌撒 🕐 週一〜五 09:00,週六 09:00,週日與假日 11:45、20:15

國際彌撒 🕐 週日 09:00

遠看好似高聳入雲霄的聖家堂，不只是高第留給世人的世紀鉅作，也是人類智慧與美學的極致展現。如果只能在巴塞隆納選擇一個景點參觀，無疑必選聖家堂。

DATA ·················

http www.sagradafamilia.org

✉ Carrer de Mallorca, 401, 08013 Barcelona

📞 932 080 414　⏰ 11 ～ 2 月 09:00 ～ 18:00，3 月 09:00 ～ 19:00，4 ～ 9 月 09:00 ～ 20:00，10 月 09:00 ～ 19:00。1/1、1/6、12/25、12/26：09:00 ～ 14:00(最後入場時間為閉館前 30 分鐘)

💲 門票 €17(限 14:00 後入場)、門票加語音導覽 €25、門票加語音導覽與登塔 €32　🚇 Sagrada Familia 捷運站 (L2 或 L5)，出站即是

⏳ 3.5 ～ 5 小時　❓ 聖家堂的入口與售票處在不同方向，售票處在誕生立面

MAP P.031

1. 聖器室裡面的燭臺 ／ 2. 坐在受難立面上的耶穌雕像，此處面對夕陽

✈ 旅遊知識 ✈

高第小檔案

高第像

　　出身鐵匠世家的安東尼·高第·科爾內特 (Antoni Gaudí Cornet)，自幼體弱而練就觀察大自然的好本領，受父親鼓勵到巴塞隆納學習建築，因貴人的支持再加上自身努力，成為了歷史上最偉大的建築師之一，作品中有 7 件被列入世界遺產。高第被譽為建築史上無可取代的傳奇人物，73 歲的人生當中，有 43 年的時間傾力打造聖家堂，聖家堂也被公認為世界級的藝術鉅品。

高第重要年表

1852	誕生塔拉戈納省
1878	成為建築師，結識的貴人歐塞比·奎爾 (Eusebi Güell)
1883	維森斯之家動工、接手聖家堂
1886	奎爾宮動工
1904	巴特由之家動工
1905	米拉之家動工
1918	貴人奎爾過世
1925	高第入住聖家堂，就近工作
1926	意外逝世

高第公園與聖家堂公園

Plaça de Gaudí
Plaça de la Sagrada Família

捕捉聖家堂全景最佳拍攝地

|||||||||||||||||||||||||||||||||||||||||||||||||||||||||

帶有水池的高第公園，是拍攝聖家堂全景最棒的地點。建議天亮之前就來蹲點，避免太陽直射，亦可避開午後水池中的綠藻反光干擾。聖家堂公園內的休息區和飲料攤販區總是擠滿人潮。等待入場前可把握時間來這兩座公園，瞧瞧不同的聖家堂之美。

DATA ••••••••••••••••••••••••••••••••••••

高第公園
✉ Carrer de Lepant, 278, 08013 Barcelona
🕐 24 小時開放　➡ Sagrada Família 捷運站 (L2 與 L5)，站外就是　⌛ 0.5 小時　🗺 P.031

聖家堂公園
✉ Plaça de la Sagrada Família, s/n, 08013 Barcelona　🕐 24 小時開放 (攤販營業每日 10:00 ～ 21:00)　➡ Sagrada Família 捷運站 (L2 與 L5)，順著 Carrer de Provença 往西走，左轉 Carrer de Sardenya，步行 1 分鐘　⌛ 0.5 小時　🗺 P.031

西班牙 停 看 聽

一到下午，路上沒人

西班牙境內多個城市仍保有傳統下午 2 ～ 4 點 (各地午休時間不一定) 的午休時間，尤其在夏季，南部各大城市為躲避炎熱的陽光，不論是商店、酒吧，甚至是藥局、雜貨店，在下午時段紛紛拉下鐵門休息。空蕩蕩的街上，彷彿空城一般，觀光客怎麼辦？不妨加入午休時間。選擇在旅館休息，或是找間餐廳吃頓每日特餐吧。

1. 從高第公園能拍攝到聖家堂的建築與倒影／ **2.** 有攤販與休息區的聖家堂公園

聖十字聖保羅醫院

Hospital de la Santa Creu i Sant Pau

世界最美的醫院，高第逝世之處

||||||||||||||||||||||||||||||||||||||||||||||||||||||||||||||||||||||||||

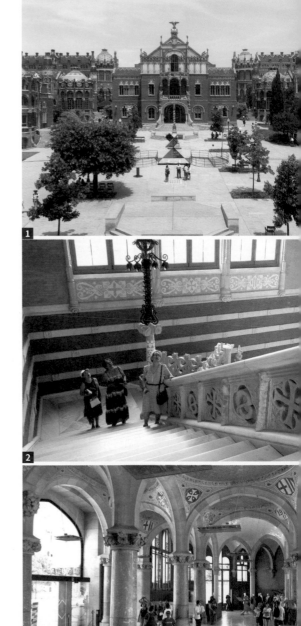

1. 正殿中庭，感覺彷彿置身花園／2. 參觀者無一不嘖嘖稱奇／3. 行政大樓大廳整修後，美輪美奐，高雅堂皇

這家醫院最早是在 15 世紀，由數家醫院整併而成。到了 20 世紀，銀行家 Pau Gil 捐贈土地、並聘請建築師路易斯·多明尼克·蒙塔內爾 (Lluís Domènech i Montaner) 設計新院所。整棟建築直到 2009 年以前都被當作醫院使用，如今除了名列世界遺產，還兼具博物館與藝術中心。

醫院最大特色在於透過 48 棟建築物打造巴塞隆納醫療中心，從正殿的門診中心、手術大樓，由內到外裝飾得生氣勃勃，讓人目不轉睛。雖最後只完成 27 棟樓房，大量使用色彩陶瓷、雕塑，點綴著各式花朵，很難將之與一般氣氛有點沉悶的醫院相比擬。值得一提的是，這家醫院過去可是專替窮人看病，貧民專用，精神可貴。

★行政劃分上，聖十字聖保羅醫院與卡梅爾碉堡屬於霍塔區 (Horta)、阿格巴塔屬於聖馬丁區 (Sant Martí)，因為順路，所以安排在聖家堂周邊一起介紹

DATA ···

http santpaubarcelona.org

✉ Carrer de Sant Antoni Maria Claret, 167, 08025 Barcelona 📞 935 537 801 🕐 11 ～ 3 月週一～六 09:30 ～ 17:30，週日與假日 09:30 ～ 15:00。4 ～ 10 月週一～六 09:30 ～ 19:00，週日與假日 09:30 ～ 15:00 🚫 12/25 💲 門票 €15、基本參訪加語音導覽 €20。免費參觀：4/23、9/24 和每月第一個週日 ➡ Sant Pau 捷運站 (L5)，出站沿著 Carrer de Cartagena 往西北方走，到 Carrer de Sant Antoni Maria Claret 路口 ⌛ 2 ～ 3 小時 🗺 P.031

卡梅爾碉堡

Bunkers del Carmel

巴塞隆納 360 度全景盡收眼底

IIIIIIIIIIIIIIIIIIIIIIIIIIIIIIIIIIIIIIIIIIIIIIIIIIIIII

看似空曠的瞭望臺，曾是西班牙內戰時期，作為保護巴塞隆納市避免受到空襲的戰略地。帶著歷史痕跡的舊碉堡，現為俯瞰巴塞隆納最佳熱門景點之一。不只因為免費參觀，坐在平臺上還可直接望向巴塞隆納地標，包括聖家堂、阿格巴塔、國家宮，回頭一看，Tibidabo 遊樂園就在你眼前。

依山傍海的絕佳地勢，就算氣喘吁吁地走上來，疲勞也會在景色當前一掃而空。尤其是那麼大一座的聖家堂，從這裡看過去就像迷你模型，非常可愛。

DATA ·····························

🌐 www.bunkers.cat/en
✉ Carrer de Marià Labèrnia, s/n 08032 Barcelona
➡ 公車 92 在 Ctra. del Carmel Mühlberg 下車，或公車 119 在 Marià Lavèrnia 下車，順著斜坡往上走
⏳ 1～2 小時
⁉ Google Map 地圖在這裡不太靠譜，跟著人群走吧
🗺 P.031

站在卡梅爾碉堡上遠眺巴塞隆納海邊，迷你聖家堂如此可愛

✈ 旅遊知識 ✈

路易斯‧多明尼克‧蒙塔內爾小檔案

與高第齊名的現代建築大師多明尼克，不只曾任高第的老師，華麗的加泰隆尼亞音樂廳 (Palau de la Música Catalana)，見 P.045 也出自他的手筆。熱衷參與政治活動的多明尼克，為抗議當時政府的擴建區政策，在規畫聖十字聖保羅醫院時，透過不和諧的設計，表述他對政府的不滿。以下為醫院細部照片。

阿格巴塔（子彈塔）

Torre Agbar

與城市一起呼吸的綠建築

巴塞隆納的新代表建築之一，就是這座高 144 公尺的阿格巴塔，目前僅次於 Hotel Arts 與 Torre Mapfre，為城市裡的第三高建築物。由法國建築師尚・努維爾 (Jean Nouvel) 設計，由於外型酷似子彈，又稱為子彈塔。大樓以超過 4,000 片窗戶組成，把風、水與自然光也納入考量，降低能源成本。努維爾稱其靈感來自美麗的蒙塞拉特山，雖為辦公大樓，它時尚的造型吸引不少觀光客駐足拍照。

一旁的巴塞隆納設計博物館 (Museo del Diseño de Barcelona)，有稜有角的造型與阿格巴塔的弧狀，形成鮮明對比。

如果對 21 世紀之後巴塞隆納的建築轉型有興趣，例如自然歷史博物館 (Museu Blau)，以及對角線大道 123 號的 123 大樓 (Diagonal 123)，這些現代建築都值得你張大眼睛逐一發掘。

1. 入夜後的阿格巴塔有 LED 燈光點綴（攝影／Jimm 吉姆修）／ 2. 巴塞隆納設計博物館 (Museo del Diseño de Barcelona)

DATA

- ✉ Avinguda Diagonal, 211, 08018 Barcelona
- ➡ Glòries 捷運站 (L1)，出站即是
- ⏱ 0.5 ～ 1 小時　　🅜 P.031

西班牙　停　看　聽

鮮奶與保久乳的花花世界

相較鮮奶，保久乳才是大宗。西班牙幅員遼闊，過去鮮奶保存運送不易，人們會喝保久乳，也因價格便宜，所以目前還是維持著這個習慣。在超市裡，保久乳品牌至少 10 種起跳，鮮奶品牌選擇相對少很多。即便如此，將 1 公升鮮奶換算台幣價格，約台幣 50 元，還是比台灣的鮮奶便宜。

鮮奶 (Fresca leche)1.5 公升不到 €2

Barri Gòtic
哥德區

轉角遇見驚喜，是哥德區最貼切的寫照。

哥德區屬舊城區的一部分，又稱尋寶天地。此區蜿蜒小巷非常多，初次拜訪的人容易走到暈頭轉向，連導航都不導航了，跟不上人走路的速度。不如放下手機，悠閒地來一場中世紀的散策時光吧！

----✂ 玩家交流 ✂----

💬 **入夜後的哥德區，能走不能走？**

讀者常問「哥德區入夜後安全嗎？」或是「這邊聽說很危險，真的不可以在晚上走嗎？」，老蝦實際走過發現，晚餐後在哥德區小巷間悠哉閒逛的人還不少，如果發現這條路一個人影都沒有，那就走別條吧！

哥德區地圖

M Urquinaona
Ronda de Sant Pere
英格列斯百貨
加泰隆尼亞音樂宮
Catalunya 加泰隆尼亞廣場
La Sirena超市
Carrer del Comerç
Passeig de Picasso
Carrer Comtal
Carrer de Santa Anna
4 CATS
Melic del Gòtic Restaurant
Via Laietana
Dia超市
凱瑟琳娜市場
La Rambla
Carrer de la Princesa
Pastelería Hofmann
Zenzoo
Veritas超市
畢卡索博物館
VIENA
巴塞隆納大教堂
Carrer del Bisbe
主教橋
M Jaume I
Casa Gispert
海洋聖母教堂
家樂福超市
La Caixa de Fang
Carrer de la Pi
La Pallaresa
Conoca Entrepans
Carrer dels Lledó
Cafè de L'Acadèmia
Carrer del Pintor Fortuny
Chök - the chocolate kitchen
松樹廣場
KOKUA
巴塞隆納市政廳與聖若梅廣場
Carrer de Plaça del Canonge Colom
Escribà
雨傘之家
Carrer de Ferran
Carrer d'Avinyó
Liceu
皇家廣場
清真寺
民政警察局
奎爾宮
Carrer de Josep Anselm Clavé
El Gat de Botero 肥貓雕像
Carrer Nou de la Rambla
La Rambla
腳踏車出租
Drassanes
Passeig de Colom
水族館
自治區警察局
Av. de les Drassanes
N
Paral·lel M
哥倫布塔
Avinguda del Parallel
巴塞隆納港

巴塞隆納大教堂

Catedral de Barcelona (Catedral de Santa Eulalia de Barcelona)

聖女長眠的安詳之地

IIIIIIIIIIIIIIIIIIIIIIIIIIIIIIIIIIIIIIIIIIIIIIIIIIIIIIIIIIIIIIII

大教堂又稱主教座堂，13 世紀動工，是融合哥德式與羅馬式建築風格的象徵地標，最大的特色是教堂中殿比側邊的殿堂高。很多人誤以為大教堂就是高第所設計的聖家堂，並不是喔！

大教堂在當地又稱作 Catedral de Santa Eulalia de Barcelona，是以西元 3 世紀殉教的聖女 Saint Eulalia 命名，當時巴塞隆納為羅馬的殖民地，她因信仰而遭受與年齡數字相同的 13 種酷刑而死。除了 Saint Eulalia 之外，大教堂還供奉超過 140 位神與天使，其中也包括聖母瑪莉亞。

大教堂由 1 個後殿、走廊與 3 個主殿組成，以教堂環繞著教堂的設計，是哥德式建築的典型結構。建築外部高達 93 公尺，內部最高 79 公尺，非常壯觀。前面的新廣場 (Plaça Nova) 不定期舉辦市集活動，建議趁週末假日來碰碰運氣，看看有沒有喜歡的好物吧！

DATA ••••••••••••••••••••••••••••••

http catedralbcn.org

✉ Pla de la Seu, s/n, 08002 Barcelona

📞 933 428 262　🕐 觀光參訪週一～五 12:30～19:45(最後入場 19:15)，週六 12:30～17:30，週日 14:00～17:30(週末最後入場 16:45)，另有禮拜時間

💲 觀光參訪 €7、禮拜 €3

➡ Jaume I 捷運站 (L4) 出口沿著 Via Laietana 往西北方走，在 Plaça de Ramon Berenguer el Gran 左轉，遇 Carrer de Santa Llúcia 左轉

⧗ 1～1.5 小時　**MAP** P.039

1. 大教堂正面／ 2. 鑲滿雕塑天使的正門門框／ 3. 大教堂前方的廣場是當地人約碰面的好地方

巴塞隆納市政廳與
聖若梅廣場

Ajuntament de Barcelona (Casa de la Ciutat) i Plaça de Sant Jaume

一定要參觀的加泰隆尼亞區政治中心

||||||||||||||||||||||||||||||||||||||||||||||||||||||||||||

巴塞隆納市政廳僅在週日限定開放，我很幸運地在關門前入內逛了一圈。建造於 14 世紀，擁有尖拱與飛扶壁的哥德風格外觀，內部收藏了許多雕像與畫作（例如米羅的雕塑 Femme），氣派典雅的裝潢也讓我印象深刻。

聖梅若廣場北鄰加泰隆尼亞自治區政府大樓、南邊為市政廳。廣場是當初羅馬人建立巴基諾（Barcino，Barcelona 過去的名字）時，討論政治的公開場所，以基督十二門徒之一 James 的加泰隆尼亞發音命名。

DATA ·····

🔗 ajuntament.barcelona.cat ✉ Plaça de Sant Jaume, 1, 08002 Barcelona 🕐 週日 10:00 ～ 13:30。4/12、4/23、5/30：10:00 ～ 20:00 ➡ Jaume I 捷運站 (L4) 出口沿著 Carrer de Jaume I 往西南走約 3 分鐘 ⧗ 1 ～ 2 小時 🗺 P.039

百人議會大廳，一道道的圓拱，氣勢磅礴

雨傘之家

Casa del paraigues (Casa Bruno Cuadros)

藝術之城中少見的東方味

||||||||||||||||||||||||||||||||||||||||||||||||||||||||||||

初次見面，旋即被雨傘之家的東方風格深深吸引。在各式建築林立的巴塞隆納城裡，19 世紀設計師何賽普‧維拉塞卡 (Josep Vilaseca) 所打造的雨傘之家，融合東方紙傘、扇子裝飾牆面之餘，還在轉角擺上 1 隻叼著燈籠的龍，和 1 把大雨傘！走到附近時，記得抬頭瞧瞧這不同的風景！

DATA ·····

✉ La Rambla, 82, 8002 Barcelona ➡ Liceu 捷運站 (L3) 出口往東北方走 1 分鐘，在 Pla de la Boqueria 與蘭布拉大道交叉口的建築 ⧗ 0.5 小時 🗺 P.039

1. 蘭布拉大道上，一不留神就容易錯過雨傘之家／2. 雨傘之家現為銀行

皇家廣場 Plaça Reial

街燈出自高第之手

||||||||||||||||||||||||||||||||||||||||||||||||||

　　綠油油的皇家廣場讓我忽然想野餐。這裡酒吧餐館林立，到夏天就成了熱鬧的聚會場所。廣場最大的特色是有著高第設計的路燈，這是高第畢業後所接的第一個政府外包案。燈罩上的盔甲設計在當時是大膽前衛的作法，也替他往後的作品風格埋下伏筆。

DATA ••••••••••••••••••••••••

✉ Plaça Reial, 08002 Barcelona　➡ Lieu 捷運站 (L3) 出口到蘭布拉大道，往南方走約 3 分鐘，遇到 Carrer de Colom 左轉即可抵達　🕐 0.5 ～ 1 小時　MAP P.039

1. 皇家廣場的中央噴泉／ 2. 高第設計的街燈，有兩盞

主教橋 El pont del bisbe

在詛咒與願望之間的獨創藝術

||||||||||||||||||||||||||||||||||||||||||||||||||

　　舊城區中心，不乏從中世紀存留下來的藝術建築，例如位在大教堂附近的主教橋，這座拱形的橋梁由胡安・魯維奧・貝利維爾 (Joan Rubió i Bellver) 在 1928 年所打造，以獨特且完美結合的新哥德式風格，讓橋梁連接加泰隆尼亞自治區政府大樓 (Palau de la Generalitat)，與自治區首長官邸 (Casa dels Canonges)。傳說穿越這座橋時許願，美夢就能成真，也有人說看到橋下人頭骨與匕首後會遭受詛咒，你信哪一則？

DATA ••••••••••••••••••••••••

✉ Carrer del Bisbe, 1, 08002 Barcelona　➡ Jaume I 捷運站 (L4) 出口，往 Carrer de Jaume I 西南方走，看到 Carrer del Bisbe 右轉，步行 3 分鐘　⏳ 0.5 ～ 1 小時　MAP P.039

1. 主教橋又稱嘆息橋，橋上暗藏著骷髏頭與匕首，經過時記得找找／ 2. 雨天排水用的滴水嘴

誕生於西班牙的時尚與潮流

這些店家都週日休息喔！

CAMPER

　　主打休閒鞋款，透氣又實在的布料、好穿搭的設計，甚至有人說 CAMPER 的鞋子百年耐走都穿不壞。不論究竟能夠穿幾年，光是價格比台灣代理便宜，就夠讓人買到暈頭轉向了。

✉ Passeig de Gràcia, 100, 08008 Barcelona
🕐 週一～六 10:00 ～ 21:00　　MAP P.065

MANGO

　　總公司位於巴塞隆納，以滿足女性在工作與休閒的需求和品味為品牌精神。難怪我的旅伴一踏進 MANGO 就像黏住一樣出不來。

MANGO las ramblas
✉ Rambla de Catalunya, 90, 08007 Barcelona
🕐 週一～六 10:00 ～ 21:00　　MAP P.065

MANGO OUTLET
✉ Carrer de Girona, 37, 08010 Barcelona
🕐 週一～六 10:00 ～ 21:00　　MAP P.039

Massimo Dutti

　　以時尚男裝起家，目前女裝童裝也通吃。隨性卻不失典雅，流行卻帶點摩登，Massimo Dutti 服飾不只限量販售，還提供西裝與襯衫的量身定做，與 ZARA 隸屬同一集團，風格還真不同。

✉ Plaça de Catalunya, 1, 4, 08001 Barcelona, Spain　🕐 09:30 ～ 22:00　MAP P.050

Desigual

　　高檔男女裝品牌，誇張的圖樣以及鮮豔的色調是特點，強調高質感布料以及活力、色彩等創作性元素。在巴塞隆納機場也有品牌館，來西班牙買就對了。

✉ Passeig de Gràcia, 47, 08007 Barcelona
🕐 週一～六 09:00 ～ 21:00　　MAP P.065

ZARA

　　歐洲人氣平價服飾品牌。除當季商店之外，想撿便宜的人不妨到 ZARA 暢貨中心 (Lefties)，過季的商品會改標重新上架，來這裡很少有人不失心瘋。推動快時尚風潮的 ZARA，不打廣告、限量行銷、每次逛都有新發現，是它人氣不減的主因。

ZARA Lefties
✉ Carrer de Pelai, 2-4, 08001 Barcelona
🕐 週一～五 10:00 ～ 21:00，週六 10:00 ～ 22:00
MAP P.065

ZARA Rambla de Catalunya
✉ Rambla de Catalunya, 67, 08008 Barcelona
🕐 週一～六 10:00 ～ 21:00　　MAP P.065

Bimba & Lola

　　專為女孩設計包款、鞋子、衣服，是服飾配件的年輕品牌。強調簡單、活潑中帶點叛逆，最吸引人的，當然是他們的手工皮料囉！

✉ Passeig de Gràcia, 55-57, C.C. Bulevard Rosa, 08007 Barcelona
🕐 週一～六 10:30 ～ 21:00　　MAP P.065

Sant Pere-Santa Caterina i la Ribera
沿海區

古代的經濟中心，如今是在地人與旅客都愛的地區。

　　緊鄰港口，過去商人與貴族為追逐利益多聚集於此，同時也是重要公共集會場所。沿海區有著與哥德區一樣厚重的歷史氣息，讓人彷彿置身中世紀的榮景裡，穿梭在舊鎮，等待著我們的是什麼樣的驚喜呢？相較哥德區（見 P.039），沿海區的觀光客比較少，老蝦推薦花些時間在沿海區探索當地生活的氣息。尤其早晨的太陽透過海洋聖母教堂（見 P.046）建築灑落的光影，非常美。

沿海區地圖

加泰隆尼亞音樂宮

Palau de la Música Catalania

洋溢濃烈的加泰隆尼亞情感

||||||||||||||||||||||||||||||||||||||||||||||||||||||||||||||||||||||||||||||||||||

　　建於 1905 年的加泰隆尼亞音樂宮，與聖十字聖保羅醫院一樣名列世界遺產，皆由現代主義建築師多明尼克所設計。讓人眼花撩亂的各式雕塑、結合玻璃、鑄鐵、陶瓷、大理石、木材，除展示加泰隆尼亞地區的繁榮昌盛，亦有濃厚的自治訴求蘊含其中。直到今天，音樂宮仍是加泰隆尼亞地區指標性建築，強烈的民族特色一覽無遺。

　　最震撼人心的莫過於音樂大廳倒蓋的玻璃穹頂，綜合華麗的加泰隆尼亞元素、細膩的阿拉伯風格，每年超過數十萬人來音樂宮欣賞表演，加泰隆尼亞合唱團 (Orfeó Català) 的總部也在這裡，是音樂愛好者不能錯過的表演聖地。

DATA ·····································

http www.palaumusica.cat

✉ C/ Palau de la Música, 4-6, 08003 Barcelona

☎ 932 957 200　⏱ 週一～六 09:30 ～ 21:00，週末 10:00 ～ 15:00。參觀時間：自行參觀時段有 08:45、09:00、09:15、09:30 四個場次。專人導覽時段：平日 10:00 ～ 15:30，復活節與 7 月 10:00 ～ 18:00，8 月 09:00 ～ 18:00

💲 門票分自行參觀與專人導覽兩種。自行參觀門票 €15、門票加 55 分鐘導覽 €20（如 21 天前購票特價 €16），均可線上購票後列印紙本憑票入場，現場請櫃檯列印需加收 €2

➡ Urquinaona 捷運站 (L1 或 L4)，出站沿 Carrer d'Ortigosa 右轉 Carrer d'Amadeu Vives

⏳ 1 ～ 1.5 小時　MAP P.044

1. 加泰隆尼亞音樂宮，富麗堂皇 4 個字，還不足以形容建築內外的精美典雅／2. 於外牆與立柱上，大量使用花卉裝飾，多明尼克不愧是花之建築師／3. 自然光更能顯示出內部的氣派感 (攝影／Diamond 盛)

海洋聖母教堂

Basílica Santa María del Mar

前來禱告的信眾不斷

於 1329 年開始，透過民眾添香油錢而興建的教堂，象徵巴塞隆納在中世紀的海上霸權，有點像巴塞隆納的媽祖廟。這座教堂是 14 世紀加泰隆尼亞哥德建築 (Gótico catalán) 的經典代表，內部以通道加上 3 個殿堂組成，大片落地窗、自然採光，透過幾何設計搭配拱門交錯，達到完美平衡。直到 1936 年一場連續 11 天的大火，使得教堂面目全非，僅有最上層的牆壁與彩色玻璃倖免於難。現在教堂的樣貌是經年累月修復的成果。此外，Basílica 是指「有特殊地位或意義」的教堂，有時會譯為「聖殿」。

DATA

http www.santamariadelmarbarcelona.org
✉ Plaça de Santa Maria, 1, 08003 Barcelona
🕐 週一～六 09:00 ～ 13:00、17:00 ～ 20:30，週日 10:00 ～ 14:00、17:00 ～ 20:00。每日彌撒 19:30 起
💲 一般參觀免費。導覽 1 小時 €10、登塔 40 分鐘 €8
➡ Jaume I 捷運站 (L3)，沿著 Carrer de l'Argentieria 走 3 分鐘 ⏳ 1 小時 MAP P.044

1. 海洋聖母教堂內部，莊嚴肅穆／ 2. 教堂空間設計對稱和諧／ 3. 從教堂內部看，才能明瞭「玫瑰花窗」的光彩斑斕／ 4. 海洋聖母教堂的旁邊，有座紀念 1714 年戰爭中，誓死保衛巴塞隆納的烈士紀念碑 (Fossar de les Moreres)

凱旋門 Arco de Triunfo

擺脫過去，迎向國際化的寬廣大道

||||||||||||||||||||||||||||||||||||||||||||||||||||||||

　　凱旋門最初的由來，是古羅馬人為了慶祝打勝仗所建立的紀念建築。在巴塞隆納，凱旋門則是因應 1888 年世界博覽會而建，由喬瑟夫‧比拉塞卡 (José Vilaseca) 所設計，如今是節慶活動的重要舉辦地。凱旋門旁的大道除鑄鐵欄杆、造型路燈外，亦有許多雕塑作品。如果你眼力夠好，可以發現凱旋門上刻有一排字「Barcelona rep les nacions」（巴塞隆納歡迎所有國家）。穿過凱旋門，離城堡公園也不遠了。

DATA ···

✉ Passeig Lluis Companys, 08010 Barcelona

➡ Arc de Triomf 捷運站 (L1)，出站即是

⌛ 0.5 小時　 🅼🅰🅿 P.044

1. 巴塞隆納凱旋門／2. 凱旋門兩旁設立的裝飾品（造型頗像台灣的香爐），上面有動物與昆蟲的雕像

城堡公園 Parc de la Ciutadella

漫步與野餐的理想去處

||||||||||||||||||||||||||||||||||||||||||||||||||||||||

　　為了世界博覽會進行過大改造的城堡公園，除了大片綠地，亦有噴水池、湖泊與動物雕像，生意盎然。公園的歷史可追溯到 18 世紀，當時菲利浦五世 (Felipe de Anjou) 成為西班牙國王之後，透過各種政策控制加泰隆尼亞區，而城堡公園的前身，正是扮演這樣不討喜的軍事堡壘角色。然而隨著時代演進，如今這裡已成為市民慢跑、騎腳踏車、親子野餐的熱門景點，也是旅行者散步歇腿的好去處。

DATA ···

✉ Passeig de Picasso, 21, 08003 Barcelona

➡ Estació de Sant Adrià 輕軌站 (T4)，下車步行 8 分鐘　 ⌛ 0.5 ～ 1 小時　 🅼🅰🅿 P.044

1. 城堡公園內綠意盎然／2. 紀念碑瀑布 (Cascada Monumental)，氣勢非凡／3. 矗立在公園內的巨象

畢卡索博物館 Museu Picasso

豪邁剛勁的畫風，感受現代主義大師生命力

|||||||||||||||||||||||||||||||||||||||||||||||||||||||

與薩爾瓦多・達利 (Salvador Dalí)、胡安・米羅 (Joan Miró i Ferrà) 並列「後三大藝術家」的畢卡索 (Pablo Ruiz Picasso) 是名符其實的西班牙人。出生於馬拉加 (Málaga) 的畢卡索，1973 年於法國過世，享年 91 歲。博物館的成立是為紀念一代藝術大師從 1895 年起待在巴塞隆納的時光，展出作品也以他年輕時的創作為主。不只可以透過畫框的顏色，來判斷該幅畫是不是畢卡索的代表作，還可以一睹多幅畢卡索的真跡。

DATA ······················

http www.museupicasso.bcn.cat

✉ Carrer Montcada, 15-23 08003 Barcelona

☎ 932 563 000

🕐 週一 10:00 ～ 17:00，週二～日 09:00 ～ 20:30。每週四延長至 21:30、1/5 提早至 17:00 閉館

休 週一、1/1、5/1、6/24、9/30、10/7、12/25

$ 門票 €12、門票加特展 €14。免費時段：每週四 18:00 ～ 21:30，每月第一個週日 09:00 ～ 20:30，2/12，5/18，9/24（**請注意：**免費時段仍需線上預約）

➡ Jaume I 捷運站 (L4)，沿著 Carrer de la Princesa 往東北走，在 Carrer de Montcada 右轉，約 5 分鐘

⏳ 1 ～ 1.5 小時　MAP P.044

1. 畢卡索博物館門口，館內禁止攝影／**2.3.** 舊城區的四隻貓咖啡館 (4 CATS，西文 Els Quatre Gats)，是畢卡索藝術生涯早期常出沒的場所，他的首次個人展就是在這裡舉辦（MAP P.039）。咖啡館歷史悠久，象徵著巴塞隆納現代主義精神，是藝文人士聚會的熱門地點（攝影／鐵鞋女孩）

老蝦指路，巴塞隆納特色店家

這些店家都週日休息喔！

Mesón del Café

招牌看起來是咖啡廳，其實是小酒館。自1909年開始經營，店內古樸的擺設，慵懶氣氛十足的吧檯，老爺爺緩緩地問：「要喝些什麼？」感覺什麼飲料都端得出來的酒吧，為了裝潢值得來訪。

小酒館 Mesón del Café，給我的感覺很像是百寶箱的偽咖啡廳

✉ Carrer de la Llibreteria, 16, 08002 Barcelona
🕐 週一～四 08:00 ～ 22:00，週五 08:00 ～ 23:00，週六 09:30 ～ 23:00　🅜 P.044

Cafés El Magnífico

當人問起巴塞隆納最好喝的咖啡，名單上一定有這家。家族經營、烘焙功力百年傳承，從產地到最後的磨豆，透過1杯咖啡體驗職人精神，值得。買1杯咖啡配上附近的烘焙名店 Pastelería Hofmann 可頌，逛到鐵腿也甘願，太幸福了！

✉ Carrer de l'Argenteria, 64, 08003 Barcelona
🕐 週一～六 10:00 ～ 20:00　🅜 P.044

這家據說是巴塞隆納最好喝的咖啡，現在也開始提供抹茶牛奶

Cereria Subirà

1761年營業至今的造型蠟燭店，陳列各種想不到的蠟燭款式，從花朵到可頌，甚至還有貓頭鷹造型，想找體積不大又有創意的伴手禮，來這兒準沒錯。

✉ Baixada de la Llibreteria, 7, 08002 Barcelona
🕐 週一～四 09:30 ～ 13:30、16:00 ～ 20:00，週五 09:30 ～ 20:00，週六 10:00 ～ 20:00
🅜 P.044

La Caixa de Fang

主打加泰隆尼亞風格的居家生活小物，除了彩色磁磚、玻璃製品，還有廚房用品以及西班牙特有的橄欖木餐具。

✉ Carrer de la Frenceria, 1, 08002 Barcelona　🕐 週一～六 10:00 ～ 20:00
🅜 P.039

生活小物種類多樣

Casa Gispert

創立於1851年的老店，專賣堅果、果乾等誘人食材，店裡仍保有中古世紀雜貨小店風味。若你會加泰蘭文，老闆招呼的熱情更是雙倍。

✉ Sombrerers, 23, 08003 Barcelona
🕐 週一、六 10:00 ～ 20:30　🅜 P.039、044

Casa Gispert 烘製堅果的香味很吸引人（攝影／鐵鞋女孩）

El Raval
拉巴爾區

混搭各國文化，帶出自由不羈的叛逆氣息。

過去的舊港紅燈區，18 世紀工業發展後工人們多居住於此，如今是海外移民集散地，沒有中國人聚集，被當地人稱作中國區 (Barrio Chino)，住民卻多來自北非、巴基斯坦、印度、拉丁美洲等地。藝術作品、公園綠地、多元文化匯聚的街頭生活，也能找到不少異國料理。

拉巴爾區地圖

蘭布拉大道 La Rambla

巴塞隆納最生氣蓬勃的一條街道

|||||||||||||||||||||||||||||||||||||||||||||||||||||||||||||||||||||||||||||||||||||||||||||||

蘭布拉大道給我的初印象是一群重裝上陣的警察，畢竟發生過恐怖攻擊，加上這一帶觀光客雲集，警察輪流駐點是很正常的。心血來潮詢問警察是否能一起照張相，一臉冷酷的警察突然拍隔壁同事肩膀說：「他比較帥，跟他合照。」

整條大道穿越兩個區域（哥德區與拉巴爾區），可分做 5 段、全長 1.2 公里，連接加泰隆尼亞廣場與海邊，是一處可以完全靠步行就能賞玩的重要景點。

迦納雷塔斯街 (La Rambla de Canaletes) 是大道起點，找到噴泉 Font de Canaletes 就對了。沿途花店、冰淇淋攤販、巧克力、街頭藝人、書報攤林立，抬頭望、低頭看，遍處是驚喜。大道設計以中央人行道、兩旁綠樹為主，各留兩側單線車道以利車輛通過，因為名氣響亮，西班牙其他城鎮類似的道路，也會以蘭布拉大道命名。

DATA ·······································

✉ La Rambla, 91, 08001 Barcelona

➡ Pl. Catalunya 捷運站 (L1、L3、L6、L7)，出站後往南方走 3 分鐘

⧖ 2 ～ 2.5 小時　MAP P.050

1. 傳說喝了會再回巴塞隆納的噴泉 Font de Canaletes，是蘭布拉大道的起點／2. 之前西班牙恐怖攻擊的主要地點。恐攻後觀光客不減反增，這就是西班牙／3. 可以在遊客中心拿到免費地圖與進行景點諮詢／4. 蘭布拉大道的路面上，可見由巴塞隆納政府頒發給百年店家的紀念牌，上面印有店名、創始年，還有所屬工會標誌／5. 與警察合照的任務成功

波格利亞市場

Mercat de Sant Josep de la Boqueria

曾被 CNN 評選爲全球最佳市場

||||||||||||||||||||||||||||||||||||||||||||||||||||||||

　　如果只能選一間市場逛，無疑是巴塞隆納最大、最熱鬧，也最靠近市中心的波格利亞市場。老蝦習慣走進市場，先買杯現榨不加糖的特製果汁 (Zumo de piña y coco)，邊走邊逛，遙想 13 世紀時的波格利亞市場只是賣肉小販聚集之地，如今生鮮蔬果、漁獲海鮮、堅果雜貨等攤販齊聚，可說是城市裡貨色最齊全的傳統市場。

　　只要飛巴塞隆納，我一定會在這裡替家中廚房的香料罐補貨。不採購沒關係，來這邊吃早餐，親臨最古老且不可預約的市場酒吧 Quim，店家就位在從波格利亞市場正門走進去後左前方，認明鮮黃色招牌就是。

DATA ·····························

http www.boqueria.barcelona

✉ La Rambla, 91, 08001 Barcelona

🕐 週一～六 08:00 ～ 20:30（中午以前較熱鬧）

休 週日

➡ Liceu 捷運站 (L3)，出站後往北方走 2 分鐘

⏳ 2 ～ 2.5 小時　　MAP P.050

1. 波格利亞市場正門口，入夜後攤販數會變少／ 2. 各式熱帶、亞熱帶水果，這裡通通有／ 3. 西班牙果乾種類也不少／ 4. 最大的觀光市場，伴手禮也很巴塞隆納／ 5. 辣椒品種齊全，五顏六色讓人很心動

當代美術館

Museu d'Art Contemporani de Barcelona

純白無瑕的藝術倉庫

‖‖‖

　簡稱 MACBA 的當代美術館，是美國建築師理查‧邁爾 (Richard Meier) 所設計，少見的白色系建築置身在拉巴爾區的舊建築群之中，相當顯眼，是年輕人聚會、騎腳踏車必訪場所。館內主要展出 20 世紀後期的藝術作品，展覽主題每季更換，喜愛現代藝術的夥伴，這兒就是你的主場。

DATA ‥‥‥‥‥‥‥‥‥‥‥‥

http www.macba.cat
✉ Plaça dels Àngels, 1, 08001, Barcelona
☎ 934 813 368
🕐 週 一、 三 ～ 五 11:00 ～ 20:00， 週 六 10:00 ～ 20:00，週日 10:00 ～ 15:00。9/24：10:00 ～ 20:00
💲 €10(1 個月內無限次入館)，週六 16:00 ～ 20:00 免費　➡ Universitat 捷運站 (L2 或 L5)，往南走 Ronda de Sant Antoni 往 Carrer de Sepúlveda 走，左轉 Carrer de Joaquín Costa，左轉 Carrer de Ferlandina 再左轉，約 6 分鐘
⧗ 1 ～ 1.5 小時　MAP P.050

展出現代藝術作品的當代美術館。館前的廣場，常見許多滑板好手在此練習、切磋交流

奎爾宮　Palau Güell

高第替貴人奎爾一家所設計的宮殿

‖‖‖

　建於 1886 ～ 1890 年，坐落在被當時的人認為不起眼的拉巴爾區，現與高第其他位在擴建區的建築 (如米拉之家、巴特由之家)，同列為世界遺產，不一樣的是奎爾宮外牆採深色調，不如其他房屋明亮多彩，話雖如此，它內部卻有個兼具採光天井與社交場合的中央大廳，高第透過空間設計讓大廳垂直延伸，讓屋內也能擁有寬闊視野，令人忍不住讚賞他的天才創意！奎爾宮觀光客通常比較少，是個能慢慢逛、細細欣賞的好地方。

DATA ‥‥‥‥‥‥‥‥‥‥‥‥

http palauguell.cat
✉ Carrer Nou de la Rambla, 3-5 08001 Barcelona
☎ 934 725 775
🕐 4 ～ 10 月：週二～日 10:00 ～ 20:00。11 ～ 3 月：週二～日 10:00 ～ 17:30(售票至閉館前 1 小時)
🚫 週一、1/1、一月第三週、12/25、12/26、國定假日
💲 €12　➡ Liceu 捷運站 (L3)，出站沿著蘭布拉大道往東南方走，右轉 Carrer Nou de la Rambla，步行 5 分鐘　⧗ 2 小時　MAP P.050

1. 奎爾宮大門口，奎爾在這住了 20 年就搬到奎爾公園／ 2. 這個象徵加泰隆尼亞文藝復興運動的雕像，設立於大門之間

哥倫布塔 Mirador de Colom

其實哥倫布不是西班牙人

|||||||||||||||||||||||||||||||||||||||||||||||||||||||||

這尊紀念美洲發現者、航海家克里斯多福‧哥倫布 (Cristóbal Colón) 的雕像,是建築師 Gaietà Buïgas i Monravà 為 1888 年巴塞隆納世界博覽會所設計。

哥倫布為了尋覓《馬可波羅遊記》(Livres des merveilles du monde) 裡描述的神祕東方,一路跌跌撞撞尋求贊助,雖被葡萄牙國王視為瘋子,他仍沒有放棄,最後終於找到西班牙女王資助,實現心中的航海地圖,他的堅持讓人敬佩。而巴塞隆納正是他第一次出師捷報,返回西班牙晉見國王們 (Reyes Católicos) 的地點。哥倫布發現新大陸的事件,被歷史學者視為是中世紀的結束,但是,在紀念他的同時,也別忘記那些被西班牙毀滅的殖民地文明與生命。

DATA ●●●●●●●●●●●●●●●●●●●●●●●

✉ Plaça Portal de la pau, s/n, 08001 Barcelona
➡ 蘭布拉大道往東南方走到底,或 Drassanes 捷運站 (L3) 出站便是 ⏳ 0.5 小時 MAP P.050

高 60 公尺的哥倫布塔。有趣的是,哥倫布手指的方向並非朝美洲大陸,而是朝向非洲

棄嬰口

Barcelona's Baby Drop-off

包容家庭祕密的歷史地標

|||||||||||||||||||||||||||||||||||||||||||||||||||||||||

一棟隱身在公園 Plaça de Vicenç Martorell 附近的 19 世紀孤兒院 (House of Mercy),牆外有著像是木頭旋轉盤的一個洞。

這洞口除了接收信徒捐獻的香油錢與物質之外,也是以前留下棄嬰的通道。雖然很難想像,但這裡曾經是巴塞隆納最大的孤兒庇護所之一。

DATA ●●●●●●●●●●●●●●●●●●●●●●●

✉ Carrer de les Ramelleres, 7, 08001 Barcelona
➡ Universitat 捷運站 (L1 或 L2) 出站往 Carrer dels Tallers,右轉 Carrer de les Ramelleres 走,約 7 分鐘
⏳ 0.5 小時 MAP P.050

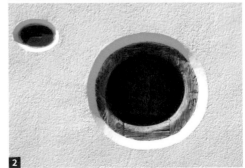

1. 前孤兒院的外牆／2. 這洞口寬度恰好能容納嬰兒

煤屋 La Carbonería

城市藝術，新舊交接的特色建築

過去被遺棄的煤屋，如今被政府重新定義為具有歷史與藝術價值的建築，坐落在新舊城區交接，牆上豐富多采的塗鴉，象徵著舊城重新出發的生命力。

雖然拉巴爾區並非城裡最乾淨、治安最好的地區，但這裡有著海外移民長年深耕的獨特氛圍，加上巷弄間林立的酒吧與咖啡廳，以及街頭塗鴉、藝術裝飾，都讓老蝦認定，這裡是巴塞隆納最有活力的地方之一。

提醒：有些人覺得拉巴爾區這一帶入夜後比較「亂」。建議與哥德區一樣，入夜後，若發現街上了無人煙，就改走人多熱鬧的大馬路吧！

DATA

✉ Carrer del Comte d'Urgell, 30

➡ Sant Antoni 捷運站 (L2 捷運) 出站，往 Carrer Comte d'Urgell 西北方走 1 分鐘

⏲ 0.5 小時　**MAP** P.050

生飲自來水，行？不行？

聽說，馬德里擁有歐洲最好喝的自來水。但如果是在巴塞隆納，根據個人經驗，還是要提醒「切勿從水龍頭直接生飲」。這是因為巴塞隆納自來水管線的清潔度不均，水龍頭一扭開，出來的是清水還是濁水，端看造化。建議購買礦泉水飲用，便宜又安心，桶裝水 5 公升 1€ 有找。

西班牙自來水普遍可生飲，但要飲用路邊水龍頭的水之前，請先評估自身承受能力

1. 煤屋／2. 轉角牆上偶見的鋁罐藝術／3. 多采的拉巴爾區

Sants-Montjuïc
聖徒蒙特惠奇區

巴塞隆納的都市綠肺。

很難忘記那年夏天我氣喘吁吁地爬上米拉瑪花園，人家說：「柳暗花明又一村。」我在聖徒蒙特惠奇區不管怎麼走，都是「樹林映入眼簾」。傍著市區就有一座小山可以爬，遊逛的當下，心裡竟懷念起台北的象山了。若某日你來到這裡，別忘了跟我說你的感想。

阿勒那競技場
Ⓜ Carrer de la Creu Coberta
Hostafrancs
西班牙廣場
Pl. Espanya
巴塞隆納會展中心
Hotel
Acta Azul
Día超市
Gran Via de les Corts Catalanes
魔幻噴泉
Poble Espanyol de
Montjuic西班牙村
加泰隆尼亞
國家藝術博物館
米羅美術館
Avinguda de l'Estadi
Carrer Doctor i Font Quer
Estadi Olímpic Lluís
Companys體育館
N
巴塞隆納植物園
Psseig del Migdia
Carrer del Foc
Ⓜ Foc
Cementiri de Montjuïc墓園

Avinguda del ParaHel
Poble Sec
Ⓜ Paral·lel
港口空中纜車
米拉瑪花園
Paseo de la Exposición
Hotel Miramar
Avinguda Miramar
蒙特惠奇纜車
Ctra. de Miramar
Ronda Litoral
蒙特惠奇城堡
巴塞隆納港
Ronda Litoral

聖徒蒙特惠奇區地圖

西班牙廣場 Plaza de España

曾為戰略之地，現為交通樞紐

||||||||||||||||||||||||||||||||||||||||||||||||||||||||||

巴塞隆納最大廣場之一，起源於 1929 年世界博覽會。除為重要交通轉運站之外，有威尼斯塔 (Torres Venecianas)、巴塞隆納會展中心 (Fira de Barcelona)、四圓柱 (Las Cuatro Columnas)、米羅公園 (Parc de Joan Miró)，以及阿勒那競技場 (Arenas de Barcelona)。廣場附近有進出機場的直達巴士車站，可考慮投宿這一帶的旅館，交通方便，也是通往蒙特惠奇山的捷徑。

DATA ••••••••••••••••••••••••••••••

✉ Plaça Espanya, 08015 Barcelona
➡ 從機場搭乘機場巴士 A1 或 A2，車程約 20 分鐘
🕐 0.5 小時　MAP P.056

1. 四圓柱象徵加泰隆尼亞自治區旗幟上的 4 條橫槓，是由普易居 (Josep Puig i Cadafalch) 設計。普易居也是咖啡廳「四隻貓」的設計師／ 2. 廣場旁高達 47 公尺的威尼斯雙塔，由建築師拉蒙·雷文托斯 (Ramon Reventós) 設計

阿勒那競技場

Arenas de Bareclona

鬥牛場的華麗變身

||||||||||||||||||||||||||||||||||||||||||||||||||||||||||

20 世紀初當鬥牛還是人們熱衷的休閒活動時，競技場應運而生，而阿勒那競技場是由安格斯·馮 (August Font i Carreras) 所設計，是座帶有圓拱馬蹄、寬門廊的新摩爾建築 (Neo-mudéjar)。加泰隆尼亞議會宣布 2012 年後禁止鬥牛活動，這裡改建為大型購物商場，內有服飾品牌、超市、餐廳、酒吧、電影院，頂樓有個瞭望臺，別錯過。

DATA ••••••••••••••••••••••••••••••

http www.arenasdebarcelona.com
✉ Gran Via de les Corts Catalanes, 373 - 385, 08015 Barcelona　📞 932 890 244　🕐 週一～六 09:00 ～ 21:00　休 週日　➡ Pl. Espanya 捷運站 (L1 或 L3)　⏳ 1 ～ 1.5 小時　MAP P.056

1. 機場巴士在西班牙廣場的下車處，就可見到阿勒那競技場／ 2. 從競技場頂樓的免費瞭望台，往魔幻噴泉的方向看去

魔幻噴泉 Fuente Mágica

入夜後的浪漫饗宴

||||||||||||||||||||||||||||||||||||||||||||||||||||||||||||

跟著音樂、隨著節奏用腳打節拍，撫平白天遊逛市區走到鐵腿的疲勞。魔幻噴泉是建築師卡里斯‧布伊加斯 (Carles Buïgas) 設計，透過水柱、音樂、燈光打造的水舞秀。一段表演約半小時，想占好位子，請提早半小時抵達四圓柱附近；不怕被水柱噴到可站第一排，感受噴泉的威力。穿過魔幻噴泉繼續往上走，可看到加泰隆尼亞國家藝術博物館 (Museu Nacional d'Art de Catalunya，縮寫 MNAC)。

DATA ••••••••••••••••••••••••••••

✉ Plaça de Carles Buïgas, 1, 08038 Barcelona
🕐 3 月：週四～六 20:00 ～ 21:00。4 ～ 5 月：週四～六 21:00 ～ 22:00。6 ～ 9 月：週三～日 21:30 ～ 22:30。10 月：週四～六 21:00 ～ 22:00。11 月～ 1/6：週四～六 20:00 ～ 21:00 　休 1/7 ～ 2/28
➡ Pl. Espanya 捷運站 (L1 或 L3)，出站沿著 Avinguda de la Reina Maria Cristina 往南走 8 分鐘
⏳ 2 ～ 2.5 小時 　MAP P.056

玩家交流

💬 瘋狂購物節 Radical Market

巴塞隆納一年一度的折扣市集，就在西班牙廣場旁的會展中心 (Fira de Barcelona) 舉行。為期 3 天，服飾、運動品牌，生活用品以及各式餐車進駐，每年都會吸引大批人潮來省荷包，不論太陽多大，排隊等候入場搶好康的當地人，說起購物清單，只能以眉飛色舞來形容。每年的舉辦月分不固定，想搶便宜請先上網查詢。

http feriadescuentosbcn.com 　MAP P.056

瘋狂購物節第一天的排隊盛況，我也去搬了不少好貨，別錯過各式臘腸與乳酪的試吃

1. 夏天入夜前的魔幻噴泉。這裡氣氛歡樂，也有小販在一旁兜售，人多擁擠請留意財物／ 2. 喜歡羅曼藝術 (Arte románico) 的人，應該會愛上國家宮 (Palacio Nacional)。前身是因應 1929 年世界博覽會建造的展覽館，現在是加泰隆尼亞國家藝術博物館

米拉瑪花園
Jardins de Miramar
遠離塵囂的自然能量補給站

||||||||||||||||||||||||||||||||||||||||||||||||||||||

　　這裡是港口空中纜車 (Teleférico de Barcelona) 最終站，旁邊有景觀餐廳，你可以站在不同的位置，將巴塞隆納深深地印入腦海。朝海上望去，不只能看到哥倫布塔、W 飯店，還有讓人放鬆心情的海岸線。

DATA ••••••••••••••••••••••

🌐 Ctra. de Montjuïc, 66, 08038 Barcelona
➡️ 從西班牙廣場搭公車 150 在 Av Miramar-Estació del Funicular 下車，車程 12 分，再步行 8 分；或是在 Paral·lel 捷運站 (L3) 下車，走 20 分鐘上山
⏳ 1 ～ 1.5 小時　🗺️ P.056

1. 從米拉瑪花園可看見大紅色的港口空中纜車／2. 從山下 Paral·lel 捷運步行到米拉瑪花園時，會經過公園 Parc De La Primavera

蒙特惠奇城堡
Castell de Montjuïc
戰爭過去，留下平靜與山海美景

||||||||||||||||||||||||||||||||||||||||||||||||||||||

　　五星形布局的城堡地處山頂，戰略位置渾然天成。城堡過去是西班牙內戰佛朗哥轟炸巴塞隆納城，與監禁政治犯的萬惡之地，一度被民眾遠離拋棄。現在它綠意盎然，是眺望巴塞隆納貨運港口、海岸線的絕佳位置，這裡海拔 170 公尺，若喜歡健行，也可從西班牙廣場一路攻頂上城堡 (步行約 50 分鐘)。如果想認識中世紀兵器，城堡內的武器博物館藏值得一看。

DATA ••••••••••••••••••••••

🌐 ajuntament.barcelona.cat/castelldemontjuic/ca
✉️ Ctra. de Montjuïc, 66, 08038 Barcelona　📞 932 564 445　🕐 11 ～ 2 月：每日 10:00 ～ 18:00(最後入場 17:30)。3 ～ 10 月：每日 10:00 ～ 20:00(最後入場 19:30)　💲 城堡門票 5€，每週日 15:00 後與每個月第一個週日免費　🚫 1/1、12/25
➡️ 從西班牙廣場搭公車 150 在 Castell 站下車，車程約 30 分鐘　⏳ 2 ～ 2.5 小時　🗺️ P.056

蒙特惠奇城堡入口。城堡所處的蒙特惠奇區，是 1992 年巴塞隆納奧運的舉辦地

💬 港口空中纜車 vs. 蒙特惠奇纜車

在米拉瑪花園你會看到可以跨港的港口空中纜車 (Teleférico de Barcelona)，它與蒙特惠奇纜車 (Teleférico de Montjuïc) 不一樣，眺望市區景致的震撼度也略勝一籌。

纜車	起始年代	票價	搭乘時間	車速	一車乘客數	適合搭乘者
港口空中纜車	1931 年	單趟 €11 來回 €16.5	7 分鐘	3 m/sec	10 ～ 15 人	膽子大，無懼高症
蒙特惠奇纜車	2007 年	單趟 €8.4 來回 €12.7	5 分鐘	2 ～ 2.5 m/sec	4 ～ 8 人	一般人皆可

★ 資訊時有異動，搭乘前請再確認。（製表／老蝦）

港口空中纜車

🌐 www.telefericodebarcelona.com

✉️ **海邊車站**｜Passeig de Joan de Borbó, 88, 08039 Barcelona

山上車站｜Plaça de l'Armada, Barcelona, Espanya

📞 934 414 820

🕐 1/1 ～ 2/28：11:00 ～ 17:30。3/1 ～ 3/31： 10:30 ～ 19:00。6/1 ～ 9/11： 10:30 ～ 20:00。9/12 ～ 10/27： 10:30 ～ 19:00。10/28 ～ 12/31： 11:00 ～ 17:30

🚫 12/25　📍 P.056

蒙特惠奇纜車

🌐 www.telefericdemontjuic.cat/en

✉️ Avinguda Miramar, 30, 08038 Barcelona　📞 933 289 003

🕐 1 ～ 2 月：10:00 ～ 18:00。3 ～ 5 月： 10:00 ～ 19:00。 6 ～ 9 月：10:00 ～ 21:00。10 月：10:00 ～ 19:00。11 ～ 12 月：10:00 ～ 18:00

📍 P.056

1. 高度差 84.5 公尺的蒙特惠奇纜車，可帶你直達山頂／2. 搭乘纜車俯瞰巴塞隆納，是省力又有趣的一種體驗

Gràcia
恩典區

追逐高第建築的腳步，探究世界遺產的真相。

　　舊城區西北方的恩典區，有兩座世界遺產，分別是高第的維森斯之家與奎爾公園。前者是高第畢業後的第一件作品，展現隱藏在他腦中的多元文化風格；而他後期打造的奎爾公園，園區動線的規畫，只能用驚豔兩字來形容。這區的自由市場也很值得一逛。

1. 位在露天階梯上的馬賽克磁磚蠑螈，是公園的拍照人氣王（攝影／Diamond 盛）／**2.** 維森斯之家由彩色磁磚裝飾的屋頂（© Casa Vicens, Barcelona 2017. Photo by Pol Viladoms）／**3.** 市場屋頂的設計，以月亮與太陽週期為主題

恩典區地圖

- 奎爾公園
- Alfons X Ⓜ
- Av. del Santuari de Sant Josep de la Muntanya
- Travessera de Dalt
- Día超市
- Vodafone電信
- Carrer de l'Escorial
- Carrer de Pi i Margall
- Avinguda de la República Argentina
- Carrer de Sant Salvador
- Carrer de Nil Fabra
- Lesseps Ⓜ
- Gràcia
- Joanic
- Cafetería 365
- 維森斯之家
- Carrer de les Carolines
- Carrer d'Astúries
- Carrer del Torrent de l'Olla
- Passeig de Sant Joan
- Fontana Ⓜ
- Carrer de Tordera
- Via Augusta
- Carrer Gran de Gràcia
- 自由市場
- Gràcia
- 城市公園
- La Pubilla
- Swagatam
- Tia Santa
- Carrer de Còrsega
- Verdaguer
- 特德拉斯之家 Ⓜ
- Avinguda Diagonal
- Policia Nacional 警察局
- Via Augusta
- Buenas Migas
- 寇瑪拉特之家
- 家樂福超市 托瑪斯之家
- Correos郵局
- Diagonal Ⓜ

維森斯之家 Casa Vicens

高第設計的第一棟房子

第一次遇到這麼認真的導覽人員，確認我搞懂維森斯之家的來龍去脈後，才笑著放我自由參觀。前後有 3 位主人，從 1885 年高第建造完成後，以維森斯 (Manuel Vicens Montaner) 的避暑別墅之姿問世。1925 年，在當時的屋主要求下改建成住所，然而高第已經投身聖家堂的工作，因此推薦建築師巴蒂斯塔 (Joan Baptista Serra de Martínez) 進行擴建。後來被安道爾的 MoraBanc 銀行買下，宣布將成為博物館，翻修整理後在 2017 年對外開放。

維森斯之家分成兩部分，除了高第原先設計的區域外，亦有一部分由巴蒂斯塔改建，可從外牆磁磚端倪一二。踏入大門的那一刻起，正式進入高第異想世界，壁畫與磁磚上隨處可見各式植物，以大自然為題材，讓建築內外產生連貫，如果能住上一晚，我一定睡不著，因為太興奮啦！

高第透過維森斯之家展現融合多元文化的巧思，大膽的色彩搭配，替加泰隆尼亞現代主義鋪路，宛如從童話故事走出來的城堡。風格又稱為新摩爾，是伊斯蘭與基督教風格的混搭，亦可發現受到東方、印度、摩洛哥等地的影響。不論是外觀與內裝，高第特色馬賽克磁磚、穹頂、塔樓、壁畫、浮雕，巧妙的配色與設計，展現年輕高第的創造力。

維森斯之家數字密碼

從維森斯開始共換過 3 位屋主、從委託到完工歷經 10 年光陰、招牌金盞花磁磚的固定規格是 15 公分見方。

DATA

http casavicens.org ✉ Carrer de les Carolines, 20-26 08012 Barcelona ☎ 935 475 980
🕐 每日 10:00 開放，結束時間依季節與年度調整，最新資訊見官網 休 1/1、1/6、12/25 💲 門票 €16，門票加導覽 €19，5/22 當天免費 ➡ Fontana 捷運站 (L3)，沿著 Carrer de Bretón de los Herreros 往西走，右轉 Carrer d'Auléstia i Pijoan，約 6 分鐘 ⧗ 3～5 小時 MAP P.061

1. 對外窗上的木窗帶著日式色彩／2. 吸菸室天花板上放射狀彩繪石膏 (本頁圖片 © Casa Vicens, Barcelona 2017. Photo by Pol Viladoms)

自由市場 Mercat de la Llibertat

少了觀光味，多了本土氣息

恩典區地標之一的自由市場，是高第的助手——法蘭西斯克 (Francesc Berenguer i Mestres) 於 1893 年所設計的現代風格 (Modernism) 建築物；三角屋頂採用大量捲曲的緞帶鐵裝飾，為它的一大亮點。

市場規模雖小，但蔬果、海鮮、肉鋪一應俱全，是融入當地居民日常生活的好機會，推薦給不愛大型觀光市場人山人海的你。此外，市場附近有家 La Pubilla 餐廳 (介紹詳見 P.116)，生意很好，想品嘗加泰蘭料理的人可以試試。

DATA

http www.mercatllibertat.com Plaza Llibertat, 27, 08012 Barcelona 週一～五 08:00 ～ 20:30，週六 08:00 ～ 15:00 Gràcia 捷運站下車，往東南方走 Via Augusta，朝 Carrer de Mariá Cubí/ Plaça de Gal·la Placídia 前進，左轉 Plaça de Gal·la Placídia，再右轉 Carrer de l'Oreneta，步行 1 分鐘 MAP P.061

1. 自由市場的屋頂設計／ 2. 自由市場內的蔬果攤販

玩家交流

💬 更多的維森斯之家

1. 穹頂上的白鴿與金盞花，源自巴洛克靈感 (攝影／陳彥如)／ 2. 分得出哪一邊出自高第之手嗎？／ 3. 鑄鐵欄杆的龍形裝飾 (亦有人稱之為蛇形)／ 4. 連蜜蜂都駐足在高第所設計的金盞花磁磚上

奎爾公園 Parc Güell

高第與奎爾的花園城市藍圖

為了趕在早上開園之前的免費入場，起個大早狂追公車，最後還是晚了 3 分鐘。買好門票走進高第腦袋中的糖果屋世界，慶幸自己沒有放棄奎爾公園，因為很值得。

在佩拉達山 (Montaña Pelada) 的奎爾公園不只是一座公園，也是加泰隆尼亞文藝復興的象徵。在高第原先的規畫裡，奎爾公園是一件房地產投資建案，類似社區營造。不只是設計住宅，包括社區內所有公共建設都

1. 有如糖果屋的奎爾公園（攝影／ Diamond 盛）／ 2. 長椅上的馬賽克磁磚是用廢棄的玻璃、陶器等素材拼貼而成（攝影／ Diamond 盛）

在高第的理想藍圖中。原先預計售出 60 個建案，由於乏人問津與戰爭緣故，工程終止，1922 年由巴塞隆納政府收購。

以回歸自然為出發點，高第在這座花園城市規畫了讓居民交流集會的廣場、帶有集水功能的市場（記得抬頭看市場天花板上，4 個太陽與 14 個月亮的裝飾）、隱喻耶穌受難的教堂、入園處門房、管理中心、花園與別墅。而且超過 2 公尺高的園區圍牆，正是為了隔絕外界的嘈雜所特意設計。

高第對自然的崇敬、藝術的執著、宗教的虔誠，在未完成的奎爾公園，留給你我無限想像。

公園快報：奎爾公園接駁車貼心上路！從 ALFONS X 捷運 (L4 線) 往返奎爾公園，直達車程 15 分，注意僅限憑票上車，去回都能搭，推薦預先線上購票。

DATA ·······································

http parkguell.barcelona
✉ Carrer d'Olot, 5, 08024 Barcelona
☎ 934 091 831 ⏰ 全年開放，開園時間依季節不同（旺季 08:00、淡季 08:30），出發前請見官網
$ 線上購票 €10 ➡ 公車 24 在 Ctra del Carmel-Parc Güell 站下車 ⁉ 馬賽克磁磚表面非常脆弱，請勿踩踏 ⏳ 3 ～ 5 小時 MAP P.061

玩家交流

💬 何時來奎爾公園最好？

奎爾公園大門朝東南方，一早在此拍照是逆光，建議可先往下到正門處，沿著圓形廣場到蜥蜴階梯，經過守衛室（原奎爾公園入口），再沿著面對蜥蜴的左側上斜坡，來到仿造海浪的洗衣婦長廊，最後在奧地利花園與鮮花共處。日落時是順光，可目睹市區一片金黃的樣貌。

l'Eixample
擴建區

新建城市區域，蘊含巴塞隆納的過去與未來。

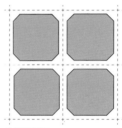

　　與舊城區截然不同的氛圍，擴建區有著豐富的加泰隆尼亞現代主義建築、高級住宅區與購物中心。第一次在擴建區裡找路時，忍不住碎嘴為什麼過個馬路這麼複雜要拐兩個彎，不能走對角線嗎？一個恍神就搞不清楚東西南北了。

　　原來街區是為了方便貨車臨時停靠，以及增加行人步行空間，才刻意設計成八角形，如棋盤狀般在市中心散開。追求整體統一的精神至今仍發酵著，是設計師塞爾達 (Ildefons Cerdà) 於 19 世紀中所做出的貢獻。

八角形街口

擴建區地圖

米拉之家中庭天井（攝影／Diamond 盛）

米拉之家 Casa Milá

沒有直線，也沒有稜角的房子

||||||||||||||||||||||||||||||||||||||||||||||||||||||||

西班牙人真的很會賺錢，就算每年調漲門票，觀光客仍趨之若鶩，其中最經典的例子，就是巴塞隆納地標米拉之家。它是高第最後一件私人委託的城市建案，曾經被媒體譏為最醜、宛如被轟炸過一般的建築。但如今這裡不只是他的代表作之一，也成為了世界遺產。

高第因應佩雷米拉先生 (Pere Milà) 的邀請，在格拉西亞大道 (Passeig de Gràcia) 建造了米拉之家，灰白色外觀，奇特有如波浪曲線，素有「採石場」的別名（加泰隆尼亞文 La Pedrera），在這條被我暱稱「豪宅大道」的格拉西亞大道上，識別度很高。超越時代的美學表現，亦兼具通風、採光等功能性，而看似平凡無奇的閣樓，在懸吊式拱架設計下，成為完整且富有生命力的頂樓空間。彷彿置身異次元的空間設計，或許真如當時報刊所說，這是外星人的飛船吧！

DATA ·······························

http www.lapedrera.com

✉ Passeig de Gràcia, 92 08008 Barcelona

☎ 902 202 138　🕐 3/1 ～ 11/3、12/26 ～ 1/3：09:00 ～ 20:30，11/4 ～ 2/28：09:00 ～ 18:30，出發前務必查詢官網　💲 門票加語音導覽 €22

➡ Diagonal 捷運站 (L3 或 L5)，沿著 Passeig de Gràcia 往東南走 2 分鐘　⏳ 2 ～ 2.5 小時　MAP P.065

1. 地中海的波浪，米拉之家／ 2. 由建築師 Pere Falques 設計，路燈不只有照明功能，還可讓人舒服地坐下，美觀實用
3. 米拉之家外牆／ 4. 頂樓的馬賽克雕塑（圖右），類似螺旋狀的貝殼，引人注意（攝影／ Diamond 盛）

巴特由之家　Casa Batlló

有龍鎮守的世界遺產

因應巴特由先生 (Josep Batlló) 於 1904 年委託的建築重構需求，高第未拆除原建築，而是透過重新翻修外牆、天井等，讓巴特由之家成為格拉西亞大道的閃耀之星。彷彿鱗片上身的屋頂，奇特的外觀，大量的馬賽克磁磚，在陽光下閃閃發光。有人說這是龍脊屋，也有人說外牆布滿顱骨窗臺，就像一棟骨頭屋。

尤其是 1 樓的設計，利用曲線牆面和光線的色差，造成藍色漸層，有踏入深海龍宮的錯覺。而頂樓的純白色調，搭配拱形龍骨的造型，參觀之後很難讓人不愛上這裡。

巴特由之家的外牆也很有戲，常在特定節日變裝粉墨登場，例如聖喬治節的玫瑰花點綴、同志驕傲月 (LGBT Pride Month) 的彩虹燈等，遇上節日時記得來瞧瞧，說不定會有意外驚喜！此外，巴特由之家附近的房子，建築風格迥異，因此這一帶又稱不和諧街區 (Manzana de la Discordia)。

DATA ···

http www.casabatllo.es ✉ Passeig de Gràcia, 43, 08007 Barcelona 📞 93 216 030 🕐 每日 09:00 ～ 21:00(最後入場 20:00) 💲 門票 €29，線上購票 €25 ➡ Passeig de Gràcia 捷運站 (L2、L3 或 L4)，沿著 Passeig de Grácia 北北西方向走 3 分鐘 ⏳ 2 ～ 2.5 小時 MAP P.065

1. 聖喬治節 (也是加泰隆尼亞的情人節) 的巴特由之家。玫瑰花外牆散發出滿滿的戀愛氣息 (攝影／鐵鞋女孩)／2. 巴特由之家於同志驕傲月，點上了象徵平等的 6 色彩虹燈光 (攝影／Jimm 吉姆修)／3. 像是顱骨的窗臺設計，也有面具之說／4. 很像骨頭拼疊而成的部分外牆

加泰隆尼亞廣場
Plaça de Catalunya
巴塞隆納的心臟地帶

充滿活力氣氛的加泰隆尼亞廣場，是繼西班牙廣場後，第二個觀光客必知的廣場。不只是機場、巴士、火車、捷運轉運站，也是熱門的約會地點。這裡是老城區與擴建區的交會點，周圍購物商場、名牌店舖、飯店林立，不論到英格列斯百貨 (El Corte Inglés) 購物、參觀蘭布拉大道，或往巴特由之家、米拉之家的方向，加泰隆尼亞廣場都是不容錯過的大地標。有一些當地旅遊團的集合地點，也會選擇此處。

DATA ••••••••••••••••••••••••••

✉ Plaça de Catalunya, 08002 Barcelona ➡ Pl. Catalunya 捷運站 (L1 或 L3) 🕐 0.5 小時 🗺 P.065

西班牙 停 看 聽

鴿子＝會飛的老鼠？

巴塞隆納除了觀光客很多之外，鴿子數量也很驚人。只要有公園的地方，幾乎都有鴿子。不怕人的鴿子，不只很能吃又到處拉屎，鴿糞有破壞市容與傳染疾病的嫌疑，所以又被戲稱「會飛的老鼠」(Las ratas del aire)。為減少日益增生的鴿子群，政府開始投放避孕藥，現在鴿子數量已經明顯下降。

在巴塞隆納，居民把鴿子戲稱為「會飛的老鼠」

1. 圖中是佛蘭塞柯‧馬西亞紀念碑 (Francesc Macià Monument)。他是內戰時期加泰隆尼亞自治政府的總統／ 2. 清晨通常為市街清潔時間，建議上午 9 點後再訪／ 3. 廣場矗立著多件加泰隆尼亞藝術家的雕塑作品

托瑪斯之家　Casa Thomas

豪宅雲集連小巷也不放過，多明尼克又一力作

||||||||||||||||||||||||||||||||||||||||||||||||||||||||||

距離米拉之家兩個巷口的托瑪斯之家，建於 1895～1898 年，它是建築師路易斯·多明尼克·蒙塔內爾 (Lluís Domènech i Montaner)，為企業家喬瑟夫 (Josep Thomas) 所設計的房子，屬外觀符合擴建區現代化的新哥德建築。以花卉植物與爬蟲類裝飾的牆面為其特色，為了看清楚牆上的雕刻，差點扭到脖子，手邊若有望遠鏡應該會更好！

DATA ·······························

✉ Carrer de Mallorca, 293, 08037 Barcelona
➡ Verdaguer 捷運站 (L4 或 L5)，往東走 Avinguda Diagonal，轉進 Carrer de Girona，右轉 Carrer de Mallorca，步行 4 分鐘　⏱ 0.5 小時　🗺 P.065

1. 托瑪斯之家外觀／2. 有發現設計師多明尼克喜歡在建築上點綴大量花草嗎？／3. 採用植物大量裝飾的圍欄

寇瑪拉特之家　Casa Comalat

可別誤會，這不是高第建築喔！

||||||||||||||||||||||||||||||||||||||||||||||||||||||||||

位在對角線大道 (Av Diagonal) 的這棟建築，常被人誤以為出自高第之手，其實它是 1911 年薩爾瓦多·瓦雷利·普普盧意 (Salvador Valeri i Pupurull) 所設計。有傳聞他想透過這棟建築向高第致敬，光是會讓人誤會是高第作品的這一點來說，他著實成功了。除此之外，建築前後牆面風格迥異，另一立面在 Corcega 街上，可繞過去瞧瞧。

DATA ·······························

✉ Avinguda Diagonal, 442, 08037 Barcelona
➡ Diagonal 捷運站 (L3 或 L5)，沿著對角線大道往東走 1 分鐘　⏱ 0.5 小時　🗺 P.065

寇瑪拉特之家，面對著對角線大道的外觀

特德拉斯之家

Casa de les Punxes

獲頒國家歷史紀念建築

‖‖‖‖‖‖‖‖‖‖‖‖‖‖‖‖‖‖‖‖‖‖‖‖‖‖‖‖‖‖‖‖‖‖‖‖

　　由加泰隆尼亞現代主義三傑之一的普易居 (Josep Puig i Cadafalch)，於 1905 年所設計。看起來像棟城堡，實際上是以原址 3 棟房屋聯合改建，特殊的圓錐頂又有「針刺之家」的美稱。現為巴塞隆納代表建築之一，1975 年被列入國家歷史古蹟，站在對角線大道與 Carrer de Roger de Llúria 的交叉路口，看到鮮豔的橘色屋頂就是它！

DATA ••••••••••••••••••••••••••

✉ Avinguda Diagonal, 420, 08037 Barcelona
➡ Diagonal 捷運站 (L3 或 L5)，沿著對角線大道往東走 5 分鐘　🕐 0.5 小時　🅼ᴬᴾ P.061

1. 特德拉斯之家外觀，超級尖的紅色屋頂是特色／2. 精雕細琢的窗戶

瑪拉格里達之家

Casa Malagrida

歸國菸草商的豪宅

‖‖‖‖‖‖‖‖‖‖‖‖‖‖‖‖‖‖‖‖‖‖‖‖‖‖‖‖‖‖‖‖‖‖‖‖

　　加泰隆尼亞菸草商人瑪拉格里達 (Manuel Malagrida i Fontanet)，從阿根廷創業回到巴塞隆納之後，替自己蓋了棟融合西班牙與阿根廷元素的豪宅，聘請設計師華金 寇迪納 (Joaquim Codina i Matalí) 打造，完工於 1908 年。

DATA ••••••••••••••••••••••••••

✉ Passeig de Gràcia, 27, 08007 Barcelona
➡ Passeig de Gràcia 捷運站 (L3、L4 或 L5)，沿著 Passeig de Gràcia 往北走 1 分鐘　🕐 0.5 小時
🅼ᴬᴾ P.065

瑪拉格里達之家外觀很貴氣

瓜德拉斯男爵宮
Palau del Baró de Quadras
留意外牆上與兇禽猛獸纏鬥的勇者

||||||||||||||||||||||||||||||||||||||||||||||||||||||||||||||

加泰隆尼亞現代主義大師之一的普易居，名氣並不亞於高第，這是他於 1904 年替瓜德拉斯男爵設計的住宅，亦收錄於西班牙國家歷史藝術遺產之中。建議細看大門周圍的雕塑，各式怪獸浮雕非常有意思。（這也是一個需要望遠鏡的景點啊！）

DATA ···

✉ Avinguda Diagonal, 373, 08008 Barcelona,
➡ Diagonal 捷運站 (L3 或 L5)，沿著對角線大道往東走 1 分鐘 🕐 0.5 小時 🗺 P.065

1. 艾武塞比・阿爾諾 (Eusebi Arnau) 雕塑的《聖喬治與龍》(Sant Jordi y el dragón) ／ **2.** 瓜德拉斯男爵宮正門／ **3.** 門簷上的龍，讓我對男爵宮留下深刻的印象

近郊經典景點

走出巴塞隆納，來趟近郊輕旅行。

從神祕卡爾多納古城堡，到擁有羅馬殖民古蹟的塔拉戈納，

再直搗大鍋燉飯起源地瓦倫西亞，順道飛至馬略卡島，

親臨西班牙王室喜愛的度假勝地。

Figures
費格拉斯

狂傲達利的超現實主義。

　　「有個畫家很愛吃蛋，所以在費格拉斯蓋了一間自己的博物館，在屋頂上放滿了雞蛋。他就是達利。」我的西班牙文老師在課堂上興奮地介紹達利 (Salvador Dalí) 生平，我則默默地記住這個地名，為了親眼看見感覺很可口的博物館，我來到了費格拉斯。

1. 費格拉斯車站地下道的狷狂達利 4 連畫／**2.** 來到費格拉斯，可在百年旅館 Hotel Duran 住 1 晚（© Hotel Duran）

費格拉斯地圖

1日遊路線

遊逛順序：

費格拉斯車站⇒費格拉斯蘭布拉廣場⇒達利戲劇博物館⇒ Hotel Duran

交通指引：

火車： 從巴塞隆納聖徒車站 (Sants Estació)，搭火車到費格拉斯車站 (Figueres Vilafant)，1 小時約有 1～2 班車，票價約 €10～30(依照是否促銷與車種有別)，可提前訂票或是現場購票。

費格拉斯蘭布拉廣場

La Rambla de Figueres

氣氛悠閒的林蔭大道

||||||||||||||||||||||||||||||||||||||||||||||||||||||||||||||||||||||||

接近達利戲劇博物館的路上，會先來到費格拉斯蘭布拉廣場，這個城裡第二熱門的人氣場所。不同於巴塞隆納市區繁忙有活力的蘭布拉大道，這個廣場步調相對緩慢、悠哉，靜靜地任時間流逝。周圍有露天咖啡廳、酒吧與綠地，每週四則有市集 (避開週末來費格拉斯是不錯的選擇)。

DATA ・・・・・・・・・・・・・・・・・・・・・・・・・

✉ La Rambla, 17600 Figueres, Girona 🚆 搭國鐵到費格拉斯車站，轉搭 AVE 在 Plaça del Sol 下車，車程 6 分鐘，沿著 Carrer de l'Empordá 往東，進圓環右轉 Carrer Lasauca，步行約 4 分鐘 ⏳ 0.5 小時 🗺 P.074

1. 適合散步用餐的蘭布拉廣場／ 2. 蘭布拉廣場周邊的咖啡廳

達利戲劇博物館

Teatre-Museu Dalí

天才會死，天才的作品不朽

‖‖‖

達利不只是畫家，亦是超現實主義之翹楚，狂才的代名詞，他以身為「達利」而感到至高無上的喜悅，用盡一生追逐名利、行銷自己至全世界。

這座博物館的前身是舊劇院。於西班牙內戰受創後，由達利重新設計改造，於 1974 年開幕。博物館由內而外，從空間到氣氛，無不感受他神祕的思維，包括牆壁、大廳、裝置藝術，連天花板都不放過表達的機會。而地下 1 樓正是享壽 85 歲的他長眠之處。

自駕來訪者，可以考慮把達利故居 (Casa-Museu Salvador Dalí) 與他送給妻子卡拉 (Gala) 的卡拉城堡 (Castell de Púbol)，一起納入行程中。它們與博物館恰好連成一個三角形，完整呈現達利的一生。

1. 滿滿小金人、麵包、雞蛋所裝飾的博物館外觀，看到雞蛋就知道博物館不遠矣 (攝影／陳彥如)／2. 達利戲劇博物館外觀

達利畫作簡介

《海邊的浴女》
(Bathers of La Costa Brava, 1923)

達利早期的畫作，此時的畫風還是別人口中「正常」的樣子。

《軟培根自畫像》
(Soft self-portrait with grilled bacon, 1941)

將自己設計成用叉子支撐起的 1 片軟趴趴的皮膚，加上幾隻總是在畫作中象徵著無力、死亡的螞蟻，究竟是什麼意思，就交由觀者自行想像了。

《美國詩歌宇宙運動員》
(Poetry of America The Cosmic Athletes, 1943)

透過畫作表示自己在美國生活的愜意自由，畫中融合美國以及他熱愛的西班牙景致，不惜將可口可樂放在畫作的前面讚揚美國經典產品，用作品歌頌可口可樂的偉大。

《記憶的永恆》
(La ersistencia de la memoria, 1931)

描繪達利與卡拉在小村莊的安逸生活，時光流逝緩慢得像是融化一般。亦有達利感謝卡拉為他所做一切的含意，讓他能安心自在地創作。好笑的是，當卡拉第一次看見達利的這幅畫，感想竟是「心神不寧」。

《風之宮殿》
(The Palace of the Wind, 1974)

在起居室中，天花板這幅天頂畫，藍色俏鬍子是達利、旁邊紅色的是妻子卡拉，一起飛往天堂。

《雨中計程車》
(Rainy Cadillac, 1938)

凱迪拉克跑車上有位裸體胖女人，背後是廢棄小船，靈感來自他在紐約街頭，冒雨攔計程車的寫照。

《畢卡索在 21 世紀的肖像》
(Portrait of Picasso, 1947)

達利眼中的畢卡索。「畢卡索是天才，我也是。」達利說。

《克羅諾斯》
(Kronos, 又名 Saturn, 1965)

為了創造神話，有段時間達利鑽研古希臘傳說。這幅正是怕自己被孩子們取代，所以乾脆吞下所有孩子的克羅諾斯。

《迷宮》
(Design for Set Curtain for Labyrinth I, 1941)

深色調為基底，加上細膩的細節處理，心臟以下的開口彷彿在期待外界走入達利的內心世界。

DATA ••••••••••••••••••••••••••

http www.salvador-dali.org

✉ Plaça de Gala i Salvador Dalí 5

📞 972 677 500　🕐 1～2月：10:30～18:00。3月：09:30～18:00。4～9月：09:00～20:00。10月：09:30～18:00。11～12月：10:30～18:00

🚫 1/1、12/25、2/28、3～6月 與 10/1～12/25 的週一　💲 門票 €15　➡ 搭國鐵到費格拉斯火車站，出車站從圓環的第一個出口出去，朝 Carrer de les Pedreres 走，遇到圓環直走朝 Avinguda de Salvador Dalí i Doménech/N-IIa 前進，右轉 Carrer Pep Ventura，左轉 Pujada del Castell，右轉 Carrer Maria Àngels Vayreda，左轉 Plaça Gala i Salvador Dalí，步行 20 分　⏳ 2～3 小時　MAP P.074

✈ 旅遊知識 ✈

達利小檔案

西班牙現代三大畫家分別是畢卡索 (Pablo Picasso)、米羅 (Joan Miró) 以及達利。1904 年出生於費格拉斯的達利，金牛座。小時夢想是當廚師，最後目標是當世界天才。自幼從風景畫開始，以印象派自居，再切換到野獸派、立體派，最後加入超現實主義。尤其新增佛洛伊德潛意識的元素，又以《記憶的永恆》(La ersistencia de la memoria) 中融化的時鐘，讓世人永遠將他放在心裡。

此外，你知道加倍佳棒棒糖的設計來自達利嗎？不只是畫作超現實，生活也超現實。達利最愛的食物是龍蝦配巧克力醬，烤小鳥要連內臟一塊吃才夠香。

達利重要年表

1904	出生
1921	母親過世，達利內心轉變，決心出人頭地
1929	加入超現實主義圈，與卡拉一見鍾情
1934	因為左派與右派糾紛，達利被認為支持希特勒，被逐出超現實主義圈
1939	與心理學家佛洛伊德一見如故
1940	二戰爆發，移居美國，出了自傳《我的祕密生活》(The Secret Life of Salvador Dalí)
1960	開始規畫戲劇博物館
1982	妻子卡拉過世
1989	達利過世

💬 費格拉斯百年旅館 Hotel Duran

搭火車往費格拉斯，快接近時就會看到達利戲劇博物館上的大雞蛋，而且發現很多同行者都是專門為了奇幻又大膽的達利藝術而來。

想多點時間好好地逛達利戲劇博物館，建議可入住歷史悠久的旅館 Hotel Duran。

旅館由胡安·杜蘭 (Joan Duran) 夫妻創建，至今仍是家族經營。價格公道，房間寬敞、床鋪舒適，可用英語溝通。餐廳以提供加泰隆尼亞特色菜餚為主，自助早餐品項則以經典西班牙小食為主 (如各式臘腸、乳酪與馬鈴薯蛋餅等)。

費格拉斯整座城市，保留了傳統的民風，沒有觀光喧擾的氣氛，非常地安靜，距離從巴塞隆納只需大約 1 小時火車車程，是老蝦心目中很適合輕旅行的地方。從旅館步行至到達利戲劇博物館不用 10 分鐘腳程，是不趕時間夜宿當地的好選擇。老蝦非常喜歡這裡。

DATA ·······························

🌐 www.hotelduran.com ✉ Carrer Lasauca, 5, 17600 Figueres, Girona 📞 972 501 250 💲 雙人房約 €54 起 ➡ Figueres Vilafant 火車站搭計程車 10 分鐘 MAP P.074

1. Hotel Duran 外觀／2. 大廳採用柔和的黃光，傳達出溫暖的感覺／3. 樓梯天花板的彩繪玻璃 (© Hotel Duran)／4. 旅館呈現氣派典雅的氣氛 (© Hotel Duran)

Montserrat
蒙塞拉特山

從巴塞隆納西班牙廣場出發，就可以抵達加泰隆尼亞聖山。

海拔 1,236 公尺飄渺如仙境，蒙塞拉特山以米白色圓角的礫岩所組成。因為外觀，它在加泰隆尼亞語原意是「鋸齒山」。過去曾是巴塞隆納熱門的蜜月景點，現為觀光客遊玩重心。可以在這裡眺望加泰隆尼亞區罕見的地質容貌，也適合健行、漫步。 MAP P.002

蒙塞拉特修道院
Santa Maria de Montserrat Abbey

黑面聖母撫慰人心

||||||||||||||||||||||||||||||||||||||||||||||||||||||||||||||

位在山腰的蒙塞拉特修道院，是加泰隆尼亞地區重要宗教聖地，以供奉黑面聖母(Black Madonna) 聞名。傳說人們看到光束降落此山區，亦聽見天使美聲，甚至在洞穴中看見聖母顯靈，從此成為信徒的朝拜聖地。因為長期煙燻，加上雕像表面塗料的化學變化，久而久之聖母的臉就變黑了。如果參訪的時間點正逢下午 1 點，還可在教堂聆聽唱詩班演唱。

DATA ·········

http www.montserratvisita.com

✉ Carretera BP-1121 o/n, 08199 Montserrat

📞 938 777 777　🕐 教堂每日 07:00 ～ 20:00。蒙塞拉特山遊客中心 09:00 ～ 20:00　➡ 見 081 的 1日遊路線　❓ 修道院內禁止飲食，連同修道院前看起來可以野餐的廣場，也禁止飲食　⌛ 2 ～ 3 小時

1.2. 靜謐清幽的蒙塞拉特修道院，過去在內戰中曾遭受武力鎮壓，死傷慘重

農夫市集 Farmers Market
試吃乳酪的好機會

位在蒙塞拉特修道院旁的農夫市集（步行3分鐘），以販售自產自銷的農產品如羊奶乳酪、蜂蜜、果醬與餅乾為主。隨意試吃，但切勿浪費。讓人眼花撩亂的乳酪種類，從山羊到綿羊，又以加了迷迭香熟成的綿羊奶乳酪 (Cal Pujolet) 最討人喜愛。

DATA ••••••••••••••••••••••

🕐 11 ～ 2 月 09:00 ～ 17:00，3 ～ 10 月 09:00 ～ 21:00 ⧖ 0.5 小時

1. 手烘果乾、真空乳酪等伴手禮，可帶回臺灣與親友享用／2. 三種綿羊乳酪一字排開，可試吃／3. 市場裡也可找到杜隆糖 Turrón

歐耶城堡酒莊 Oller del Mas
中世紀葡萄酒莊

自 10 世紀，已經擁有千年歷史的古堡酒莊，依傍蒙塞拉特山，全年溫差大，對葡萄成熟非常有利。堅持有機栽種、完全使用綠色有機肥與人工採收。採用法國橡木桶釀製，不假機器之手，靠工人智慧定期手動攪拌，產出的葡萄酒滋味醇美。所謂愛地球的酒莊，就在歐耶城堡。品酒是酒莊活動最重要的一環，先品酒再了解葡萄酒釀造過程，吸收得更快。

DATA ••••••••••••••••••••••

http ollerdelmas.com/es ✉ Carretera d'Igualada C-37z km 91, 08242 Manresa 📞 938 352 882 🕐 每日 08:00 ～ 21:00(建議電話預約) ⧖ 1.5 小時 ➡ **大眾交通**｜從西班牙廣場搭火車 R5，在 Manresa-Viladordis 下車，轉 L1 在 Guimerá 下車，再換公車 705 在 Grup Pare Ignasi Puig - El Xup 下車，往東走 Carrer de Joan Farrés 朝 Carrer Pare Ignasi Puig 前進，左轉 Carrer Pare Ignasi Puig，右轉 Carr. de Manresa al Xup/C-37z，看到岔路左轉直走就到，步行約 17 分鐘　**自駕**｜從巴塞隆納市中心走高速公路 A-2，約 1 小時可達

遊逛順序：

西班牙廣場⇒蒙塞拉特山瞭望臺⇒蒙塞拉特修道院⇒農夫市集⇒歐耶城堡酒莊

交通指引：

登山齒輪車 (Cremallera de Montserrat) 與纜車 (Aeri de Montserrat)：兩種車上車的站名不同，沿途景色也不同，在西班牙廣場現場購票時，再決定要搭哪一種車上下山。

工具交通	票價	車程	座位	風景指數	刺激度	人潮
登山齒輪車	單趟 €6.60，來回 €11.0	15 分鐘	有	★★	★	★★
纜車	單趟 €7.50，來回 €11.5	5 分鐘	無	★★★	★★★	★★★

★ 資訊時有異動，搭乘前請再確認。（製表／老蝦）

登山齒輪車

http cremallerademontserrat.cat

📞 932 521 480　🕐 原則上每天行駛，但會不定期調整，請至官網查詢

➡ 從西班牙廣場站搭 FGC 火車 R5 在 Monistrol de Montserrat 下車（約 60 分鐘），出火車站之後，從旁邊的齒輪車站搭車上山（約 15 分鐘）

纜車

http www.aeridemontserrat.com

📞 938 350 005　🕐 3 ～ 10 月：每日 09:40 ～ 19:00。11 ～ 2 月：週一～五 09:40 ～ 17:15，週末與假日 09:40 ～ 18:15

➡ 從西班牙廣場站搭 FGC 在 Montserrat Aeri 下車，車程約 60 分鐘，出火車站之後，纜車站在旁邊，搭車上山 5 分鐘

1. 酒窖中的木質酒桶／ 2. 鮪魚適合搭配白酒，紅肉與紅酒相輔相成／ 3. 由左到右分別是抹上番茄的棍子麵包佐生火腿、棍子麵包佐臘腸、鮪魚橄欖麵包、做成一口大小的西班牙蛋餅

Tarragona
塔拉戈納

世界人類文化遺產寶庫，疊人大賽起源地。

　　緊鄰地中海的好位置，塔拉戈納氣候溫和（年均溫攝氏 17 度），陽光普照，有「地中海陽臺」之稱。它過去不只是連接羅馬帝國與西班牙的樞紐，也是羅馬殖民時期的軍事要塞與政治中心之一，連奧古斯都大帝 (Augustus) 都曾在此待過 2 年。城裡所遺留的羅馬古城、劇場、競技場，是全西班牙保存最完整的，造訪時會有時空交錯之感，很容易被羅馬古蹟的氛圍震懾，而遺忘了時間。前往羅馬水道橋時，老蝦曾不小心迷失在雜草比人高的水道橋上，當時天空即將被黑夜籠罩，加上毫無路燈指引，心裡的恐懼難以言喻，幸好最後成功找到了出口。以此經驗提醒大家，請安排早一點的時間參觀羅馬水道橋！

塔拉戈納地圖

1日遊路線

遊逛順序：

塔拉戈納車站⇒羅馬水道橋⇒疊人塔⇒中央市場與午餐⇒觀景臺⇒圓形劇場

交通指引：

火車：從巴塞隆納聖徒車站 (Barcelona Sants Estació) 搭火車 Renfe(見 020) 到塔拉戈納車站 (Tarragona Estació)，車程約 60 分。火車班次約每 10 ～ 15 分鐘 1 班，單程車資約 €10 ～ 50(依車等而定)。

巴士：從巴塞隆納公車北站 (Barcelona Nord) 搭 ALSA 巴士，每天約 7 班車，車程約 1 小時 40 分，單程車資約 €8.9，建議先買票。

提醒：線上促銷價格宜人，註冊會員並且第二次線上訂票起免收手續費

ALSA 巴士
http www.alsa.com
☎ 902 422 242

巴塞隆納公車北站
✉ Carrer d'Ali Bei, 80, 08013 Barcelona
➡ 從 Arc de Triomf 捷運站 (L1) 出來，往東南走 Carrer de Nápols，往 Av. de Vilanova 前進，左轉於 Av. de Vilanova，步行 2 分鐘

羅馬水道橋 Pont del diable

與魔鬼的交易，羅馬人智慧無盡延伸

西班牙三大水道橋之一，另外兩座分別在塞哥維亞 (Segovia)、梅里達 (Mérida)。塔拉戈納的水道橋全長 25 公里，興建於西元 1 世紀奧古斯都執政時期。雙層結構設計相當別致，全橋以花崗岩打造。傳說中羅馬人在打造這座橋的時候，不幸遇到施工進度落後，為了讓水道橋趕緊完工，羅馬人決定與魔鬼進行交易。魔鬼的條件是索取第一個通過橋上的靈魂，聰明的工人們推了頭驢子通過水道橋，魔鬼只好默默收下那頭驢子的靈魂，因此有「魔鬼橋」的稱號。

目前塔拉戈納水道橋頂端的寬度僅有 1 人之寬。有人說羅馬人蓋水道橋的功夫之所以這麼厲害，都是拜他們太喜歡蓋浴場所賜。遠觀近看水道橋的震撼，值得親自走一趟。

偉哉人之渺小，橋墩、石塊之巧妙設計，人類智慧一覽無遺，已於西元 2000 年被列入世界遺產。

DATA

✉ Carrer de Pere Martell, 2, 43001 Tarragona
➡ 在塔拉戈納火車站 Rambla Nova 搭 5 或 85 公車，在 Pont del Diable 站下車 (約 15 分鐘)。單趟公車車資 €1.5，上車直接交給司機
⏱ 1 ～ 1.5 小時　MAP P.082

1. 如果在傍晚前來，最好在天色暗下來之前火速離開／ 2. 水道橋頂端的寬度僅可容 1 人通過

疊人塔紀念碑
Monumento a los Castellers

落成於 1999 年，團隊力量與互信的展現

IIIIIIIIIIIIIIIIIIIIIIIIIIIIIIIIIIIIIIIIIIIIIII

在諾瓦蘭布拉大道 (Rambla Nova) 上，有座青銅打造的紀念碑十分醒目，那就是模擬真人版 7 人高的疊人塔。疊人大賽 (Castell) 起源自 18 世紀的塔拉戈納，是加泰隆尼亞區的重要活動。參賽隊伍通常可疊到 7 人高，但底層需要百人的力量支撐，只要疊出最高難度的人塔，隊員也順利回到地面，就可把冠軍帶回家。

DATA ••••••••••••••••••••••••••

✉ Rambla Nova, 129, 43001 Tarragona
➡ 從羅馬水道橋對面馬路的公車站，搭公車 85 到 Prat de la Riba 站下車，車程約 30 分
⧗ 0.5 ～ 1 小時 🗺 P.082

疊人大賽需要良好的團隊默契、平衡感、體力，還要有勇氣。現已列入 UNESCO 世界遺產之「非物質文化遺產」

中央市場
Mercat Central de Tarragona

塔拉戈納最大的傳統市場

IIIIIIIIIIIIIIIIIIIIIIIIIIIIIIIIIIIIIIIIIIIIIII

市場 1915 年落成，由塔拉戈納建築師荷西 (Josep m. Pujol de Barberà) 設計，建築帶尖拱，是現代主義作品。市場與超級市場共構，是打牙祭、尋覓新鮮食材的好地方，熟食區攤販 Casa Pladevall 有賣好吃的西班牙大鍋燉麵 (Fideuà)。市場附有停車場與免費洗手間。

DATA ••••••••••••••••••••••••••

✉ Plaça de Corsini, s/n, 43001 Tarragona
📞 977 231 551 🕐 週一～六 08:30 ～ 21:00
休 週日 ➡ 從疊人塔出發，沿著 Rambla Nova 往東南方走，右轉 Carrer Cristófor Colom，左轉 Carrer del Governador González，步行約 4 分鐘
⧗ 1 ～ 1.5 小時 🗺 P.082

1. 中央市場外觀／2.3. 市場內的熟食區，是品嘗西班牙家常料理的好地方，一個人也能點大鍋燉麵

塔拉戈納觀景臺
Balcó del Mediterrane
活脫脫的地中海陽臺

|||||||||||||||||||||||||||||||||||||||||||||||||||||||||||||||||||||||||||||

眺望西班牙東邊的地中海，溫暖氣候孕育豐饒物產。面向這片世界最古老的海洋風情畫，海面靜靜的好像睡著般。遠離繁囂的巴塞隆納市中心，車程只要 1 小時的塔拉戈納，無疑是可以讓人享受清靜的好地方。

DATA ••••••••••••••••••••••••••

✉ Passeig de les Palmeres, s/n, 43004 Tarragona
➡ 從中央市場出發，走到 Rambla Nova 右轉直走到底，步行約 10 分鐘　⧗ 0.5 ～ 1 小時　🗺 P.002

╲╲ 玩家交流 ╱╱

💬 3 星飯店 Hotel Sant Jordi

　　如果開車自駕又想漫遊塔拉戈納，建議入住國道 N-340 旁的 3 星飯店 Hotel Sant Jordi。窗外就是沙灘，房間乾淨整齊，早餐豐富；服務人員非常親切，可用英文溝通，免費停車。開車到塔拉戈納觀景臺約 6 分鐘。

DATA ••••••••••••••••••••••

http www.hotelsantjordi.info
✉ Via Augusta, 185, 43007 Tarragona
📞 977 207 515　💲 雙人房一晚含早餐 €56
➡ 從圓形劇場出發，於 Carrer Escales del Miracle 左轉，在 Balcó 公車站搭乘公車 11，在 Savinosa 站下車，車程 7 分鐘，繼續往前走 Via Augusta 朝 N-340 前進，旅館在右手邊，步行 2 分鐘　🗺 P.082

1. 塔拉戈納海灘 Playa del Milagro ／ **2.**Rambla Nova 行人徒步區／ **3.** 地板鑲著觀景臺名稱，讓你更加確信沒走錯／ **4.** 人行道上的馬賽克鑲嵌藝術

圓形劇場
Amfiteatre de Tarragona
羅馬殖民時代的重要縮影

|||||||||||||||||||||||||||||||||||||||||||||||||||||||||||

　　如果還沒機會到義大利羅馬，那麼也可以先來塔拉戈納，朝聖羅馬人的足跡。西元前2、3世紀羅馬勢力在歐洲擴張，統治伊比利半島將近600多年的殖民時期，不僅帶入文化與作物，水道橋、城牆等建設也特別多，其中圓形劇場是經典代表。

　　這座劇場興建於2世紀，又稱露天劇場。橢圓形的結構長110公尺、寬86.5公尺，最多能容納14,000人。在羅馬殖民時期是鬥士和野獸的戰場，亦為公開處決異教徒的地方。從競技場的遺跡，不難想像過去輝煌的風光。

DATA ••••••••••••••••••••••••••••••••••

http www.tarragonaturisme.cat

✉ Parc de l'Amfiteatre romà 43003 Tarragona

📞 977 242 579

🕐 1/4 ～ 9/30：週一、週日及假日09:00 ～ 15:00，週二 ～ 六09:00 ～ 21:00。2/1 ～ 3/31、1/10 ～ 12/31：週二 ～ 五09:00 ～ 19:30，週六09:00 ～ 19:00，週日及假日09:00 ～ 15:00　➡ 從塔拉戈納觀景臺出發，往東走，右轉Via William J. Bryant，再左轉即可看到圓形劇場，步行約10分鐘　⏳ 1 ～ 1.5小時　MAP P.082

圓形劇場是走訪塔拉戈納不能錯過的風景

Palma de Mallorca
馬略卡島

地中海上獨一無二的度假風情。

　　有「地中海樂園」之稱的馬略卡島，從旅館提供的多國語言翻譯研判，這裡肯定是歐洲人後花園。島位在巴塞隆納東南方的地中海上，面積與臺東差不多，夏天溫暖炎熱，冬天涼爽多雨。早在西元前 4,000 年就有人居，後來相繼被羅馬人與摩爾人統治，18 世紀才正式成為西班牙的一部分。還記得一出帕爾馬機場迎面而來的海風，就像在對我說：「歡迎來度假！」是說海島氣候在秋天也是多變，早上的太陽有如夏天，沙灘上排著滿滿曬日光浴的帥哥美女。一到下午風雲色變，刮起大風、下起大雨，我躲在小酒館一邊喝著啤酒，一邊跟店員一起讚歎：「天氣好難懂啊！」

馬略卡島－帕爾馬地圖

1日遊路線

遊逛順序：

貝利韋爾城堡⇒帕爾馬主教座堂⇒ FAN 馬略卡購物中心

交通指引：

飛機：從巴塞隆納到馬略卡島又快又便宜的方式就是搭飛機，1 天至少有 20 個班次，航行時間約 40～60 分鐘，直飛約 45 分鐘。可選擇的航空公司有瑞安航空 (Ryanair)、伏林航空 (Vueling)、西班牙國家航空 (Iberia，簡稱伊比利航空) 與歐洲航空 (Air Europa)。廉價航空來回票價約 €11～25，傳統航空來回票價約 €50～70。

貝利韋爾城堡

Castell de Bellver

易守難攻，曾是皇室躲避傳染病的暫居處

如果想在馬略卡島登高望遠，距帕爾馬 (Palma) 市區 3 公里、海拔 112 公尺的山丘上，有座歐洲少見的圓形城堡，是個不錯的選擇。由阿拉貢國王海梅二世 (Jaume II) 於 14 世紀建造，最早是君王們的居所，後為監禁戰俘的軍事監獄，直到 1931 年由當時的國王交還給西班牙，成為馬略卡島歷史博物館，現在則不定期舉辦藝文展覽。

城堡結構以包括 3 個半圓形的支撐塔，以及 1 個主塔組成，加上護城河與迴廊，整座建築環繞著中庭向外延伸！爬上去的過程需走一段斜坡 (像是在爬山)，但看到湛藍海水、美麗海岸線，與彷彿走入風景畫中的海天一色，值得了！

DATA

http castelldebellver.palma.cat
✉ Carrer de Camilo José Cela, s/n 07014 Palma
☎ 971 735 065 **🕐** 4～9 月：週二～六 10:00～19:00，週日及假日 10:00～15:00。10～3 月：週二～六 10:00～18:00，週日及假日 10:00～15:00
休 1/1、1/5、復活節、12/25 **$** 門票 €4(週日免費)
➡ 從帕爾馬機場搭 1 號公車，在 Passeig Marítim 33 站下車，車程 60 分，再沿著 Carrer de Bellver 步行 20 分到城堡入口 **⏳** 1.5～2 小時 **❓** 城堡旁有免費乾淨的洗手間；網路訊號暢通 **MAP** P.087

1. 從城堡頂樓的觀景臺，眺望馬略卡島南方海岸／ **2.** 城堡內的圓形閱兵場 (Patio de armas)，帶 21 個半圓型拱門，搭配哥德式天花板設計，中間很像水井的設備是收集雨水用

帕爾馬大教堂

Catedral de Santa María de Palma
de Mallorca

建築師高第也參與過的重要建築

當地人簡稱 La Seu(加泰蘭文，意思是主教的座位)。回溯 13 世紀阿拉貢國王海梅一世 (Jaime I el Conquistador)，從摩爾人手中拿下馬略卡島後，為感念聖母瑪莉亞庇佑，在老城區興建大教堂獻給聖母，這也是為什麼這座大教堂靠近海邊的原因。

高聳的哥德式尖頂在 20 世紀的戰火、天災中遭受損害，當時主教邀請高第參與修復工程，工程雖因故未完，但是高第的作品完地被好保存著。

DATA

http catedraldemallorca.org

✉ Plaza Almoina, s/n, 07001 Palma, Illes Balears

☎ 902 022 445　🕐 4/1 ～ 5/31、10/1 ～ 10/30：週一～五 10:00 ～ 17:15。6/1 ～ 9/30：週一～五 10:00 ～ 18:15。11/1 ～ 3/31：週一～五 10:00 ～ 15:15。每週六 10:00 ～ 14:15(特殊節日請以官網為主)　💲 門票 €12　➡ 從貝利韋爾城堡出發，沿著唯一上山的路下山，看到 Avinguda de Joan Miró 右轉，左轉 Plaça Gomila，穿過建築 Unitat Bàsica de Salut El Terreno，步行 10 分鐘，在 Avinguda de Gabriel Roca 對面公車站 Av. Gabriel Roca, 30 等公車 104，在 Porta des Camp 下車，車程約 3 分鐘。下車後，面對海邊往右走，步行約 13 分鐘。亦建議搭乘計程車或租車　⏳ 1 ～ 1.5 小時　MAP P.087

帕爾馬大教堂外觀

FAN 馬略卡購物中心
FAN Mallorca Shopping
距離機場最近，不只是掃貨，還要買個夠

||||||||||||||||||||||||||||||||||||||||||||||||||||||||||||

家樂福集團所屬的購物中心。距離機場最近，擁有超過 120 間商店。精品、服飾、居家、運動用品等從歐洲各地進駐，例如除了西班牙自有品牌，也有歐洲平價品牌如 Primak、Décathlon、Kiabi、Guess、H&M 等。價格有競爭力，我買過短袖 1 件約 €4，長袖 1 件 €5，H&M 長袖毛衣不到 €10。交通便利，公車班次多，亦提供免費停車場，如遇下雨天還可免費外借雨傘。

DATA •••••••••••••••••

📶 fanmallorca.com
✉ Avenida Cardenal Rossel, s/n, 07007 Palma, Balearic Islands　📞 871 032 600
🕐 商場週一～六 10:00 ～ 22:00，量販店週一～六 09:00～22:00，餐廳週日～四 12:00～00:00 週五～六 12:00～隔日 01:30。遇假日是否開放以官網為主。
➡ 從帕爾馬機場搭乘 L18、L28、L31 在購物中心下車
⌛ 3 ～ 5 小時　🅼🅰🅿 P.087

FAN 購物中心正門

💬 馬略卡太陽神酒店
Hotel Helio Mallorca

推薦帕爾馬機場旁邊的巴利阿里區 (Can Pastilla) 的旅館，例如馬略卡太陽神酒店 (Hotel Helio Mallorca)，走出飯店可看到整片沙灘和無敵海景，進出市區的公車班次也很多，開車只要 7 分鐘，攔計程車也方便。海邊亦有不少餐廳與雜貨店，生活機能好。

DATA •••••••••••••••••

📶 www.hoteleshelios.com/en/helios-mallorca-hotel-apartamentos/
✉ Caravel.la, 7, 07610 Palma, Islas Baleares　📞 971 264 250　💲 雙人房一晚含早餐約 €46 起　➡ 從帕爾馬機場搭公車 21 在 477-Manuela de los Herreros 站下車，車程 30 分鐘；或搭計程車，約 7 分鐘
🅼🅰🅿 P.087

✈ 旅遊知識 ✈

馬略卡島小檔案

位在巴塞隆納東南方海上，面積是臺灣十分之一的馬略卡島，全年幾乎都是晴朗好天氣。自 5 世紀開始，歷經摩爾人與阿拉伯人統治，直到 1229 年才被亞拉岡王國占領，1276 年成立馬略卡王國，在不同族群統治之下，造就了島上多元的建築風格。親民的物價，加上陽光、沙灘、海水，每年夏天擠滿來自歐洲各國的觀光客，連西班牙王室也喜歡來這裡避暑。高第、波蘭音樂家蕭邦也曾在這兒留下足跡。

Castilo de Cardona
卡爾多納

探究 9 世紀古堡的世外桃源與鹽礦山。

　　卡爾多納是個人口不多、靜謐的小鎮。最廣為人知的景點正是山丘上的古堡。羅馬式帶點哥德風味的古堡建於 9 世紀，目前仍保留教堂，其他部分改建為旅館，而旁邊建於 2 世紀的雙塔 (Torre de la Minyona) 則有段淒美的傳說。相傳當地貴族的女兒，天主教徒阿達蕾絲 (Adalés)，因愛上異教徒而被囚禁在雙塔，即使對方為了她皈依天主教，兩人仍無法在一起，女方最後在塔內憂鬱死去，男方也心碎而亡。傳說阿達蕾絲的靈魂一直在古堡內沒有離開，替城堡添增些許玄妙色彩。

　　卡爾多納另有一處景點鹽礦山 (Montaña de Sal)，這座高達 120 公尺的山是因地殼變動擠壓形成，目前山洞內的鹽礦仍持續生長著，若時間允許，在卡爾多納住 1 晚，隔天一早參觀鹽礦山是最佳安排。**MAP** P.002

1. 古樸的卡爾多納小鎮／**2.** 卡爾多納鹽礦在光線照射下閃閃發亮，頭頂還有生成的鹽柱／**3.** 這不是鐘乳石，而是貨真價實的鹽巴山──卡爾多納鹽礦山／**4.** 卡爾多納市區一景 (圖 2～4 攝影／陳姵汝、張邁靜)

遊逛順序：

鹽礦山⇒卡爾多納城堡

交通指引：

巴士：在巴塞隆納巴士北站 (Nord estacion，見 083) 搭 ALSA 巴士，車程約 2 小時，單趟票價 €13。1 天有 4 班車，上、下午各 2 班。

鹽礦山

http cardonaturisme.cat　✉ Carretera de la Mina, s/n, 08261 Cardona, Barcelona

📞 938 692 475　🕐 週二～五 10:00 ～ 15:00，週六～日 10:00 ～ 18:00(最後進場 16:45)

💲 門票 €12，建議線上購票

➡ 從卡爾多納城堡下山，沿著 Carretera de la Mina 步行 35 分鐘

玩家交流

💬 4 星級國營旅館
Paradores de Cardona

體驗古堡最奢華的方式是夜宿國營旅館，乾淨且保留古時宮殿的氣派，在城堡觀景臺遠眺一望無際的視野，美不勝收，即便淡季時段滿房機率還是很高。將古蹟改建成旅館，保存文化遺產也有錢賺的作法，頗值得學習。

規畫半日遊的朋友可到古堡頂樓的咖啡廳喝杯飲料、添增難以忘懷的美好時光！據說古堡內有 1 間除非向旅館額外要求，否則不開放入住的神祕房間，留待好奇鄉野奇談的你來探索。

DATA ••••••••••••••••••••

http parador.es　✉ Castell de Cardona, s/n 08261 Cardona Barcelona　📞 938 691 275　➡ 從巴塞隆納搭 ALSA 巴士到曼雷薩 (Manresa)，再轉當地公車到遊客中心 (Oficina de Turisme)，車程約 2 小時，再步行 20 分鐘上山　💲 雙人房一晚含早餐約 €115 起　@ cardona@parador.es

1. 讓你體驗中世紀歐洲貴族享受的床鋪／2. 傳說以前城堡主人專用的餐廳，現為旅館用餐區

Valencia
瓦倫西亞

西班牙第二大海港與第三大城，美味大鍋燉飯的起源地。

有「陽光城市」美稱的瓦倫西亞緊靠地中海。全年氣候舒適，降雨不到 20 天。從古希臘人建村開始，陸續被羅馬人、阿拉伯人統治，是西班牙少數擁有兩千多年歷史遺址，到了現代變身為工業重鎮與政經文化中心的大城市。

許多美食的由來都是無心插柳。當初瓦倫西亞港口的工人們煮的大鍋飯 (Paella)，正是現在與法國蝸牛、義大利麵齊名的西班牙燉飯。而且最早的燉飯配料並不是現在看到的滿滿海鮮，而是你想像不到的營養蛋白質「兔肉」。來到瓦倫西亞，別忘了嘗試最道地的瓦倫西亞燉飯！

此外，如果想買煮燉飯的雙耳平底鍋 (也叫做 Paella)，一般 2 ～ 3 人的小家庭，買直徑 30 公分即可，想煮 10 人份，建議買 55 公分。 **MAP** P.002

瓦倫西亞城裡有棟建於 13 世紀中的羅馬哥德式教堂 Iglesia de los Santos Juanes

---

1 日遊路線

遊逛順序：
瓦倫西亞大教堂⇒中央市場⇒燉飯餐廳 La Riuà

交通指引：
火車：從巴塞隆納往瓦倫西亞的 Renfe 火車每半個小時一班，車程約 3 小時，票價約 €20 ～ 30。
巴士：搭 ALSA 巴士約 4 小時，票價約 €9 ～ 25。
自駕：從巴塞隆納出發，開車走高速公路約 3.5 小時。
飛機：如果時間有限，搭西班牙國內線到瓦倫西亞，航程 55 分鐘，票價約 €50，西班牙國家航空、伏林航空與歐洲航空都有航班前往。

瓦倫西亞大教堂

Catedral de Valencia

集多種風格於一身，擁有聖杯加持的教堂

外觀樸素低調，卻仍有來自世界各地的朝聖者湧入教堂，因為裡頭有耶穌在「最後的晚餐」中所用過的那只聖杯！教堂所在的原址似乎有些坎坷，最早被摩爾人占領後改成清真寺，直到 1292 年再改建為主教座堂。歷經長時間的翻修，教堂建築融合了多種風格樣式，像是強調尖拱與大內裝的哥德式、極為華麗又細膩的巴洛克式，與半圓拱特色的新羅馬式。散落歐洲各地的聖杯有 200多只，輾轉流浪的聖杯故事永不止息。

DATA ••••••••••••••••••••••••

🔗 www.catedraldevalencia.es/en

✉ Almoina Square 46003 Valencia

📞 963 918 127

🕐 08:30 ～ 20:00，導覽時間週一～六 10:00 ～17:30，週日 14:00 ～ 17:30

休 11 ～ 3 月每週日

💲 €3

➡ 從瓦倫西亞火車站搭 4、8、9、11、16、28、70、71 公車，到 Reina 站下車

⏳ 1 ～ 1.5 小時

1. 與其他城市的大教堂相比，瓦倫西亞大教堂規模較小，風格較素雅／ 2. 禮拜堂的圓頂裝飾／ 3. 彌撒的場所

中央市場 Mercado Central

美食大城瓦倫西亞的廚房

歐洲最大的傳統市場之一，挑高設計，寬敞明亮。占地 8,000 平方公尺、超過 1,000 家攤販進駐，亦有餐廳與禮品店，不只是當地人的生鮮中心，也是重要的觀光地標。價格比大城市的市場便宜，選擇更多。

來到這裡，可別忘了找找橘子！瓦倫西亞的柑橘最早是由阿拉伯人引入，黃澄澄的就像熱情太陽的縮影，果肉既像柳丁又有橘子的風味，多汁香甜不會很酸，作為甜點食材也很適合。瓦倫西亞有 1 款特殊風味調酒 Agua de Valencia，正是用西班牙 Cava、伏特加、琴酒與橙汁調製，想趕走暑氣就喝它吧。

DATA

http www.mercadocentralvalencia.es
✉ Plaza del Mercado 6, Valencia 46001
📞 963 829 100 🕐 週一～六 07:00 ～ 15:00
➡ 瓦倫西亞火車站 (Joaquín Sorolla) 搭 27 號公車在 Mercat Central Llotja 站下車，約 20 分鐘
⏳ 1 ～ 1.5 小時

中央市場門口，市場外圍的攤販也適合挖寶

玩家交流

💬 瓦倫西亞住宿與美食推薦

靠近火車站的舊城區 (Ciutat Vella) 是找旅館的好選擇，舊城區內就有瓦倫西亞大教堂、中央市場、英格列斯百貨公司 (El Corte Inglés)，鄰近輕軌科隆站 (Colón)，對自助旅行的人來說非常方便。

想吃美食的話，推薦舊城區已經有百年歷史的燉飯餐廳 La Riuà，服務人員會熱心推薦店家招牌開胃菜 Esgarrat Valenciano，以及瓦倫西亞傳統燉飯！

La Riuà

http www.lariua.com/index.html
✉ Carrer del Mar, 27, 46003 València
📞 963 914 571 🕐 週一～週六 14:00 ～ 16:15、21:00 ～ 23:00 🈺 週日、週一晚
💲 燉飯 2 人 1 鍋約 €22 起 ➡ 從中央市場出發，沿著 Plaça de la Reina 往南走，看到 Carrer del Mar 左轉，步行 3 分鐘

1. Esgarrat Valenciano 是瓦倫西亞的傳統涼拌美食，內含烤紅椒、鱈魚、蒜頭、橄欖油、黑橄欖等，非常爽口／**2.** 餐廳 La Riuà 的瓦倫西亞式大鍋飯

西式在地玩法

KLOOK 讀者優惠

KKday 讀者優惠

　　想近距離認識西班牙飲食與歷史文化？想親身感受佛朗明哥舞的激昂？以下介紹巴塞隆納物超所值的當地旅遊團 (Local Tour)，以及欣賞佛朗明哥秀的好去處。

當地旅遊團

　　若是參加巴士行程，去程與回程都會在同地點上下車，不必擔心交通問題。跟團的好處是方便輕鬆，有問題直接問導遊。由熱心和善的導遊帶著團員用另一種旅行視角，認識當地文化、宗教、美食與品酒，顛覆刻板西班牙。

注意事項

購票時	透過旅行社或旅遊票券平台（好處有中文客服）訂票。記得列印購票憑證
出發之前	確認集合地點與時間，雖然西班牙人有自己的時空，時間一到準時出發
活動當天	提前抵達集合地點，出示購票憑證向工作人員報到
活動結束	填寫問卷回饋，向工作人員表達感謝，或是表述哪邊可以做得更好

（製表／老蝦）

1. 除了從導遊口中了解酒莊，同行團員們對酒的喜好也替旅程添增不少樂趣／2. 跟團最大的好處就是聽專業解說，酒莊團通常會從葡萄品種開始說起／3. 果酸味濃的 Cava 適合配鹹味點心

📖 推薦團 1：Castle Experience

第一次參加海外酒莊團難免擔心，但在看到導遊之後煩惱一掃而空。導遊很顧及團員們的感受，主動詢問有無任何問題，加上多數領隊出生自加泰隆尼亞區，聽當地人介紹自己的家鄉，倍感親切。

這是一群專注蒙塞拉特山 (Montserrat) 與加泰隆尼亞酒莊體驗的年輕團隊，主打不超過 16 人的小團制，提供英語和西班牙語的解說，語速不會太快，可以放心玩！

🌐 castlexperience.com ✉ C/ Montsió, 10 (Rusc de Turisme), 08002 Barcelona 📞 933 100 509 🕐 辦公室每日 07:30 ～ 23:30 💲 單一行程約 €68 起 ❓ 建議線上預約，憑票券報到。集合地點一般是在加泰隆尼亞廣場硬石咖啡 (Hard Rock Cafe) 前，找手持粉紅傘的領隊集合 🗺 P.050

1. 本身就從事葡萄酒行業的領隊在酒莊進行品酒教學，從眼睛看、鼻子聞開始 (© Castle Experience) ／ 2. 酌量飲用葡萄酒有益身心，高舉酒杯喊 Salud！(© Castle Experience)

📖 推薦團 2：Food Wine Tours

Food Wine Tours 是由熱愛美酒佳肴的人創辦，深耕觀光長達 40 年以上，亦出版《美酒之路》(Rutas del Vino) 一書，行程受到各國老饕與文化體驗者喜愛。我很喜歡他們的 Tapas 美食之旅，導遊帶著我們從市場認識食材開始，遊覽哥德區經典小吃，與聖誕節必吃的杜隆糖果專賣店，還私人推薦幾間他常去的酒吧；哪裡有老店、哪邊巧克力有限定特價，問導遊萬事 OK。行程結束後也會透過電郵，詢問客人參加的感想以及是否有需要改進之處，整趟體驗非常棒！

🌐 foodwinetours.com ✉ Pintor Fortuny 10-14, 08001 Barcelona 📞 933 171 909 🕐 週一～五 09:30 ～ 19:00，週六 12:00 ～ 18:00 🚫 週日 💲 單一行程約 €68 起 ❓ 建議線上預約，憑票券報到。集合地點在 Food Wine Tours 辦公室 🗺 P.050

1.Tapas 之旅的粉紅氣泡酒 Cava，出發前先開胃／2. 氣泡酒 Cava 搭配的下酒點心，餅乾、臘腸與乳酪

佛朗明哥秀 Flamenco

佛朗明哥舞起源於南部安達魯西亞的吉普賽人，流浪的靈魂激起他們自創歌舞，透過歌唱、擊掌、吉他，傳達憂鬱、挑釁甚至是憤怒的力量，在 19 世紀受到西班牙政府重視，成為西班牙舞蹈代表之一。

一開始對佛朗明哥秀沒有太多期待，想說網路有影片，為什麼還要看現場？等我進入秀場，音樂響起，聆聽音樂跟著節奏，凝視舞者全身肢體散發的情緒，搭配震撼心靈的重重舞步，加上吉他手精湛的琴聲，發自靈魂深處的獨唱，很慶幸自己前來觀賞；看現場表演與看線上影片的感受，天差地遠。

佛朗明哥秀從過去民間的即興歌舞，演變成現在的商業演出。巴塞隆納舊城區有許多佛朗明哥秀餐廳，入夜後才有場次（約下午 6 點即可到餐廳看秀）。票券分兩種，表演含 1 杯飲料，或表演含晚餐（觀賞過程中可能沒空吃餐，建議點飲料就好）。看佛朗明哥秀的 3 原則：提早線上預約、早點進場選位、盡量挑前排座位。最好連舞者的汗滴都看得一清二楚，臨場感沒得比！

推薦秀場：Palau Dalmases

Palau Dalmases 位在過去政商名流聚集的蒙卡達街 (Carrer de Montcada)，佛朗明哥的熱情，搭載在華麗藝術的巴洛克建築上，值得來此親眼瞧瞧。

http palaudalmases.com/es
✉ Carrer de Montcada, 20, 08003 Barcelona
☎ 933 100 673　🕐 週一～六 18:00、19:30、21:30　休 週日　$ 大人 €26 起，小孩 €16 起
➡ Jaume 捷運站 (L4) 出站沿著 Carrer de la Princesa，右轉 Carrer de Montcada，步行 6 分鐘　⧗ 1.5 時　⁉ 線上預約，憑票券入場
MAP P.044

1

2

1. 舞蹈搭配的吉他手，安可的歡樂曲／ 2. 隨著踱步手勢與身段，搭配大荷葉裙襬，讓觀者看得目不轉睛（攝影／詹依庭）

巴塞隆納
旅遊小錦囊

安全第一永遠是最重要的事。

〖 地理與人口 〗

巴塞隆納是西班牙東北部加泰隆尼亞省 (Catalunya Región) 首府，靠山臨海，面積約 102 平方公里。人口數約 162 萬，62% 居民來自加泰隆尼亞區，13% 來自世界各地的移民，移民中又以義大利人、巴基斯坦人、中國人最多。

〖 旅遊穿搭 〗

參考 P.010「巴塞隆納旅遊月分」，了解各季節氣候；在出發前 1 週，查詢當地氣象預報，做好萬全準備。季節轉換時，洋蔥式穿法是最佳選擇。

變幻莫測的春、秋：中午時太陽直射時可高達 28 度，短袖即可。入夜後恐降到 15 度，輕羽絨外套與圍巾是必備。

熱到快蒸發的夏：防曬、帽子與墨鏡為夏天三寶。日正當中時，建議行程調整為參觀博物館、購物中心等室內景點避暑，或學西班牙人來個 3 小時午休。

下雪不是夢的冬：備妥大衣、毛帽、圍巾、手套，雨具也不可少。最好穿著防滑的鞋子。

〖 時差 〗

西班牙慢臺灣 7 個小時，如遇上歐洲日光節約時間 (3 月最後一個週日～ 10 月最後一個週日)，時差會縮短成 6 個小時 (例如西班牙 12:00，非日光節約時間，是臺灣的 19:00；日光節約時間，則是臺灣的 18:00)。

★如果歐盟廢除日光節約時間，屆時臺灣與西班牙時差將以西班牙的規定為準。

★老蝦提醒：若希望身體早些適應時差，抵達西班牙當天記得好好地休息，隔天再衝！

〖 作息 〗

1 天吃 5 餐、至少 2 小時以上的午休。絕大多數市場與商店週日不營業。

巴塞隆內塔 (Barceloneta) 海邊的日出

〖 節慶 〗

日期	節慶	特色
1 月	三王節 (Reyes)	1/6 為西班牙兒童節,各地舉辦歡樂遊行,還會從花車上撒糖果。
2 月	狂歡節 (Carnaval)	在大齋節之前的化妝遊行,慶祝之餘順便大吃大喝。
3 月	火節 (Las Fallas)	瓦倫西亞迎接春天前的煙火大會,還會燒人偶喔!
4 月	春會 (Feria de Sevilla)	身著傳統服裝歌舞飲酒,好似全世界都擠在塞維亞一同狂歡。
	聖喬治節 (Sant Jordi)	4/23 是加泰隆尼亞情人節,男生送玫瑰、女生送書回禮的滿街浪漫。
6 月	彩虹週 (World Pride)	馬德里、巴塞隆納等城市與世界同步舉辦同志大遊行。
7 月	奔牛節 (Los San Fermines)	為期數天的奔牛、音樂會、街頭派對掀翻整座潘普洛納。
8 月	番茄節 (La Tomatina)	8 月最後一個週三,唯一合法番茄街頭大戰的節日!
10 月	比拉爾節 (Fiestas del Pilar)	薩拉戈薩 10/12 前後為期一週的慶典活動,必有音樂遊行煙火。
12 月	除夕 (Noche Vieja)	跨年前準備好 12 顆葡萄等鐘聲敲響,祈求新年行大運。

★只要跟節慶玩樂有關,住宿費就是特別貴,記得手腳快一點先訂房!(製表/老蝦)

1. ·月三王節的遊行活動(攝影/鐵鞋女孩)/**2.** 三月中聖週的遊行隊伍,由教堂與宗教團體等組成。尖帽又蒙面是遊行的標準打扮;長袍顏色各有代表,黑色是死亡、紫色是懺悔、綠色代表希望(攝影/何嘉芸)

〖 貨幣與換匯 〗

西班牙通行貨幣為歐元 (€)，建議出發前在臺灣的銀行先換好歐元現鈔。出發時，攜帶歐元現金、信用卡 (至少 2 張) 以及已開通跨國提款的提款卡。如遇現金不夠，除刷卡，至少還可在 ATM 提領歐元現金。

一般可接受跨行或跨海提款的卡片種類，就算提款也要小心，留意周遭動態，避免陌生人靠近

〖 物價 〗

以巴塞隆納為例：

★ 外食 1 餐：€15~€30

★ 牛奶 (1 公升)：€0.8~€1.5

★ 礦泉水 (1.5 公升)：€0.65~€1.5

★ 麵包 1 條 (500 公克)：€1.06

★ 國產啤酒 (500 毫升)：€0.77

★ 咖啡加牛奶：€1.5 ～ €2.5

★ 2 星雙人房 (含私人衛浴)：€60

★ 4 人公寓旅館 (附廚房)：€150

★ 巴塞隆納機場到市區計程車：€20 ～

〖 旅費估算 〗

以在巴塞隆納旅行舉例，3 餐外食，用 T10 車票卡 (搭乘大眾運輸工具為主)，1 人旅費可以這樣估算：

基本預算公式＝ (住宿 €60)×(天數 -1) + (1 日餐飲 €50)× 天數＋交通 €35

(★ 1. 以上算式，交通含兩張 T10 車票卡與來回機場巴士票費。／ 2. 購物、伴手禮與景點票券的費用，自行加上。／ 3. 餐飲實際花費，視餐館等級而定)

依老蝦經驗，在巴塞隆納待 10 天，扣除機票費用，基本食、住、行的預算約 €1,075 起。若是前往其他城市，如瓦倫西亞、薩拉曼卡 (Salamanca) 等地，可以將預算略為調低。

旅費估算表

抓機票價錢

〖 退稅 〗

★請記得在離開歐盟前的「最後一個停留機場」辦理退稅。西班牙已經取消最低購買金額 €90.16 的限制，只要該店提供退稅，並且購買金額符合店家規定，就能退稅。購物時向商家索取退稅單 (VAT refund)，填妥個人資料，選擇「退現金」或是「退回信用卡」，接著在機場找退稅海關 (Oficina devolución del IVA) 在退稅單上蓋章。蓋完章之後，如果確定要退稅回信用卡，直接將退稅單投遞至所屬的退稅公司郵筒即可；如果要退現金，再拿單子與所購買的商品到退稅櫃檯退歐元現鈔。在西班牙退稅拿現金，是典型的用時間換金錢，請預留至少 3 小時以上在機場處理退稅事宜。

退稅流程說明

我要退稅	▶	退稅領現金	▶	機場退稅	▶	機場海關查驗	▶	退稅辦公室領現金，並將退稅單投入郵筒	▶	完成收工
			▶	市區退稅	▶		▶			
		退稅至信用卡	▶	只限機場退稅	▶		▶	退稅單投入郵筒		

（製表／老蝦）

〖 撥打電話 〗

除了漫遊之外，打國際電話最省錢的方法應該是 Skype App。只要連上網路，就能透過 Skype App 撥打 0800 開頭的免付費電話，非常方便；非 0800 電話要先開通會員帳號、線上先刷卡儲值。舉凡聯繫銀行客服、國際友人等，老蝦均透過 Skype 完成，堪稱智慧型手機不可或缺的 App 之一。

臺灣電話號碼	撥打方式
從臺灣打到西班牙	00234 ＋電話號碼
從西班牙打臺灣手機	00886 ＋手機號碼（去 0）
從西班牙打臺灣市話	00886 ＋區碼（去 0）＋市話號碼

（製表／老蝦）

〖 上網 〗

推薦上網方法有二：1. 在臺灣線上購買可用於西班牙的網卡 (Sim Card)，2. 在臺灣租借網路分享器。不追劇、不拿手機看影片，來西班牙玩兩週，光是上網查地圖、瀏覽網頁、臉書推文……等，網路流量一個人抓 4G 綽綽有餘。雙人熱點分享直接抓 12G，別讓網路限制阻礙了旅行的暢快。以下比較參考。

	分享器	網卡	
名稱	西班牙鬥牛機	歐洲 KPN 高速卡	翔翼環歐卡
優勢	短期划算	長期專用＆大流量	歐、亞、美、非皆可用
天數	不限	60 天	15 天
流量	500MB 吃飽	4~20G	4G 吃飽
通話	✕	○	✕
熱點分享	○	○	○
可否跨國	✕	○	○
取還方式	臺灣取機還機	臺灣宅配	臺灣宅配
QR Code			
讀者優惠碼	shia85vip	—	—

★資訊時有異動，請依出發前各業者狀況為主。（製表／老蝦）

1. 173WIFI 不只提供分享器，也有多種網卡選擇／ 2. 翔翼通訊提供的網卡與分享器品質也是數一數二

〖 寄明信片 〗

從西班牙寄明信片回臺灣郵資為 1 張
€1.5(價格逐年調漲，請以官方公告為準)。
可在香菸店 (Tabacos) 或是郵局 (Correos)
買郵票。

如何確認買到正確的郵票：透過票面上
的英文字母，即可確認。印有 A 表西班牙
境內、B 表歐盟地區、C 表世界其他地區。
例如，從西班牙寄回臺灣的明信片郵票上
面應為字母 C。郵票上印有 Correos 與
España 兩字，可判斷郵票是真貨。

寫好明信片、貼上郵票，再丟到黃色郵筒
內，大功告成。

1. 明信片 1 張約 €0.4 ～ 1 不等／**2.** 明信片質感普遍很好，
只要擔心會不會順利送到目的地就好。郵票上印有 Ĉ，就表
示可到世界其他地區／**3.** 據說西班牙郵政的送信效率，跟其
Logo 上的蝸牛一樣慢

〖 巴塞隆納鐵路系統 〗

巴塞隆納的城市交通系統由 3 家公司構
成，分別是 TMB(包含地鐵、公車、輕
軌、纜車等)，專營近郊火車路線的加泰
隆尼亞鐵路 FGC，與 Renfe(包含近郊鐵
路 Renfe Cercanías 以及國家鐵路 Renfe
Rodalies)。

城市觀光主要搭乘的是遍布巴塞隆納城內
的 TMB 系統，地鐵路線以 L 開頭 (地鐵站
標誌是紅色 M)、輕軌路線則以 T 開頭。加
泰隆尼亞鐵路線 FGC 以 L 或 S 開頭 (橘色
標誌)，Renfe 鐵路線以 R 開頭。除了輕軌，
城內的交通系統都已地下化。

1.TMB 地鐵提供的無障礙設施／**2.**Catalunya(加泰尼亞廣場站) 的月台／**3.**TMB 捷運的白色車身

〖 防竊 〗

重要財物放胸前就是你的，東西放後背包可能就是別人的！來歐洲不一定會被偷。養成不隨手放手機與錢包，走路時眼光八方，不要滑手機。謹記主動靠近你的人，通常都不是什麼好人。做好防竊招式與心態調整，降低被竊賊盯上的風險，做好預防，勝於被偷後流淚。

預防小偷，出國前必做功課：
★ 投保申根保險與旅遊不便險
★ 小鈔放在方便拿取的口袋
★ 大鈔與護照等放在防盜腰包
★ 使用雙層設計後背包，加密碼鎖

萬能好用的防盜暗袋

身上東西如果太多，重要物品絕對放前面

〖 傷病 〗

該求助時請勿羞報，請旅館或餐廳人員協助送醫，隨後通知家人。記得向醫院索取**就醫證明、住院證明、病歷影本**等收據文件，回臺向健保申請醫療核退，或是保險公司醫療險理賠。

〖 保險 〗

投保申根險已經不是入境西班牙必備條件，而是讓自己外出旅行安心的選擇之一。建議出國前投保申根險與不便險（例如行李延誤、竊盜損失、行程更改、班機延誤等承保項目），並且申請英文保單隨身攜帶。

〖 護照遺失 〗

先到警察局報案，取得報案證明。攜帶報案證明、身分證明文件（護照影本、身分證或駕照）、2吋照片2張（半身脫帽白底），前往位於馬德里的駐西班牙代表處，申請補發臺灣護照。**請注意：只有週一～五上班日才能申請護照補發喔！**

加泰隆尼亞警察部隊
Comissaria Mossos d'Esquadra
[http] mossos.gencat.cat/en（可搜尋離你最近的警察部隊） [電話] 933 268 200 [時間] 每天24小時

1. 西班牙警察局 POLICIA ／ 2. 到警察局報案的人潮多到要用抽號碼牌來分流

〖 報案 〗

各種緊急事件號碼：

112 （報警或救護車都適用；公共電話可直撥）

中華民國駐西班牙代表處
Oficina Económica y Cultural de Taipei
[http] www.taiwanembassy.org/es/post/53.html
[✉] Calle Rosario Pino 14-16, Piso 18 Dcha. 28020 Madrid [電話] 639 384 883(僅急難使用) [時間] 週一～五 09:00 ～ 18:00 [@] esp@mofa.gov.tw
[➡] Plaza de Castilla 捷運站(L1)、Cuzco 捷運站(L10)步行5分鐘

旅外國人緊急服務專線
0800-085-095

〖 行李清單 〗

A. 隨身行李	項目
✓	護照、護照影本
	證件照、身分證影本
	電子機票影本
	臺灣駕照、國際駕照
	申根保險保單英文版
	歐元（面額 20 以下）
	信用卡、可跨國提領的提款卡
	水壺、購物袋
	原子筆、便條紙
	太陽眼鏡、口罩、衛生紙
	手機、電源線
	相機、電池
	筆電、電源線
	網路分享器或網卡

B. 託運行李－日常用品	項目
✓	換洗衣物、睡衣褲
	拖鞋、毛巾、牙刷、牙膏
	保養品、防曬乳
	常備藥品、生理用品

C. 其他	項目
✓	歐洲專用轉接插頭
	行動電源、相機充電座
	行李電子秤
	輕便雨衣、雨傘
	乾洗手
	環保餐具

★ 1. 西班牙 3 星級以下的旅館，備品大多只提供沐浴乳、洗髮乳，或甚至只有肥皂，建議自備慣用沐浴備品或是在當地超市購買，1 瓶 250g 的洗髮乳和沐浴乳 €1 有找。2. 西班牙旅館內插座並不多，請自備經濟部標檢局合格認證的延長線，餵飽所有 3C 用品。(製表／老蝦)

1. 西班牙的無障礙通行環境，適合旅客帶著行李箱自助旅行（只要你拉得動就可以了）／**2.** 西班牙的電壓是 220V，插頭是雙腳圓形狀／**3.** 旅館大多會提供吹風機

實用西語

國民外交

我來自臺灣。⇒ Soy de Taiwán. │你好。⇒ Hola.

再見（不同地區的人有各自習慣用字）

⇒ Adiós ／ Hasta luego ／ Ciao ciao.

請／謝謝／不客氣（三字箴言常常掛嘴邊，人見人愛）

⇒ Por favor ／ Gracias ／ De nada.

早安／午安／晚安（簡單問候語）。

⇒ Buenos días ／ Buenas tardes ／ Buenas noches.

**LanguageGuide
西班牙文發音網站**

www.languageguide.org/
spanish

求救

警察！⇒ ¡Policía! │你可以幫幫我嗎？⇒ ¿Me puedes ayudar?

我的包包不見了。⇒ Perdí mi bolsa.

我不懂（鴨子聽雷的時候可用）。⇒ Yo no entiendo.

我不會說西班牙語。⇒ No hablo español.

有人會說英語嗎？⇒ ¿Alguna persona habla inglés?

請問藥局在哪裡？⇒ ¿Dónde está la farmacia?

我需要醫生。⇒ Necesito un médico.

傷病

藥局 ⇒ Farmacia │咳嗽 ⇒ Tos │發冷 ⇒ Rigor │感覺噁心 ⇒ Vomitos

頭昏眼花 ⇒ Aturdimiento │拉肚子 ⇒ Diarrea │她感冒。⇒ Ella se resfría.

我發燒。⇒ Tengo fiebre.

我頭／肚子／腿／喉嚨痛。

⇒ Me duele la cabeza/el estomago/la pierna/la garganta.

我需要咳嗽藥。⇒ Nececito la medicina para la tos.

常見成藥

暈車藥 ⇒ Pastillas contra el mareo │胃藥 ⇒ Medicina para el estomago

止痛藥 ⇒ Analgésico │止瀉藥 ⇒ Antidiarreico

住宿

我有預約房間，我的名字是 OOO ⇒ Hice reservacion. Me llamo OOO.

請問房間需要幾把鑰匙？（旅館櫃檯人員會向客人詢問）

⇒ ¿Cuántas llaves desean de cada habitación?

請問有吹風機／電梯／無線網路／冷氣嗎？
⇒ ¿Tienes un secador de pelo ／ ascensor ／ wifi ／ aire acondicionado?
請問退房時間是幾點？⇒ ¿A qué hora es la salida de la habitación?

購物

沒關係，我看看而已。⇒ No, gracias, sólo miro.
你們有尺寸 40 的嗎？⇒ ¿Tienen la talla cuarenta?
小／中／大。⇒ Pequeño. ／ Mediano. ／ Grande.
我可以試穿嗎？⇒ ¿Lo puedo probar? ｜這個多少錢？⇒ ¿Cuándo cuesta?
哪個最便宜？⇒ ¿Cuál es el más barato?
這個價格含稅嗎？⇒ ¿El precio incluye IVA?
有辦法打折嗎？（例如衣服上有污漬、NG 商品等）
⇒ ¿Es posible obtener un descuento?
促銷什麼時候開始／結束？⇒ ¿Cuándo empiezan ／ terminan las rebajas?

洗手間

請問洗手間在哪裡？（直接講放尿的臺語，也通）⇒ ¿Dónde está el baño?

交通

公車票多少錢？⇒ ¿Cuánto cuesta un billete de autobús.
到馬德里的車票多少錢？⇒ ¿Cuánto cuesta un billete a Madrid?
請給我一張下午 3 點到巴塞隆納的車票。
⇒ Un billete para Barcelona a las tres, por favor.
請問巴塞隆納聖徒車站怎麼走？
⇒ ¿Dónde está la Estació de Barcelona Sants?
請問 3 號月台在哪裡？
⇒ ¿Dónde está el andén número tres?
往巴塞隆納的火車幾點離開？
⇒ ¿Cuál es la hora de salida del tren para Barcelona?
我想叫計程車。⇒ Yo quiero un taxi.

郵票

哪裡有賣郵票？⇒ ¿Dónde venden sellos? ｜我需要郵票。⇒ Necesito sellos.
我要 2 張明信片與 2 張寄到臺灣的郵票。
⇒ Quiero dos postales y dos sellos a Taiwán.

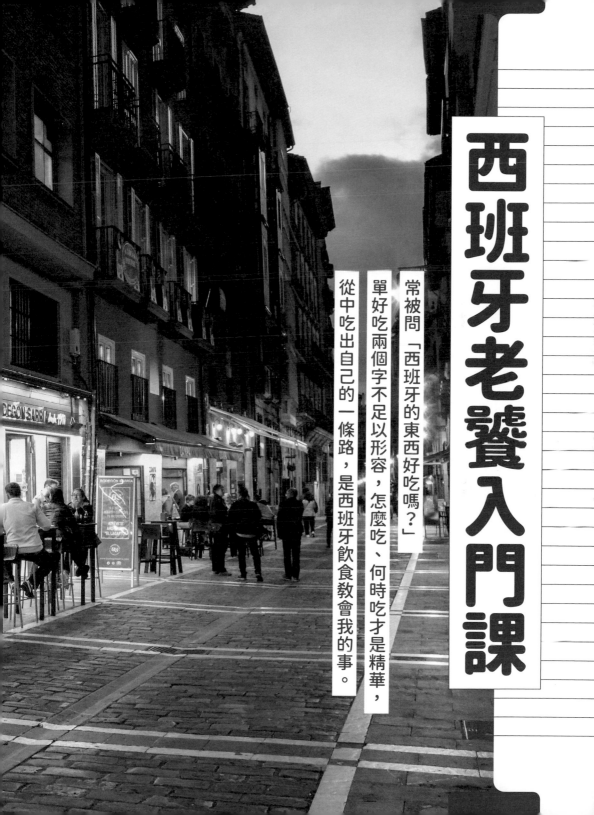

西班牙老饕入門課

常被問「西班牙的東西好吃嗎?」

單好吃兩個字不足以形容,怎麼吃、何時吃才是精華,

從中吃出自己的一條路,是西班牙飲食教會我的事。

Chapter 1

早餐
El desayuno

簡單卻充滿活力的開始

除麵包、咖啡、柳橙汁，酒也在餐桌上？

悠久歷史造就文化豐富的西班牙，多元差異反映在飲食文化上，連傳統早餐也有地緣的差異。巴塞隆納習慣在麵包上抹新鮮番茄醬，馬德里的人則直接吃麵包。西班牙境內各地早餐看似簡單，主食麵包搭配咖啡固然常見，哪些種類的早餐跟臺灣不同呢？

1. 炸油條形狀多變，最大共同點都是很美味／2. 果醬甜麵包也是早餐人氣品項，西班牙人一整天吃甜都沒問題

〖 西班牙人早餐吃什麼 〗

軟麵包配歐掐打
Fartón y Horchata
類似咱們的油條配豆漿

不喝一口還以為西班牙也有油條與豆漿。歐掐打 (Horchata) 因色澤呈現豆乳色，有人稱之偽豆漿，然而它並非由黃豆製成，而是用油莎草 (Chufa) 的塊莖磨成。喝起來帶點堅果香而且偏甜，打成冰沙就是夏天消暑飲品。喝歐掐打的同時，搭配長型帶點糖霜的軟麵包，口感比軟法再更鬆軟一些，當地吃法是把麵包沾著歐掐打一起吃，是不是很像油條配豆漿呢！

1. 來西班牙吃點不一樣的早餐／2. 油莎草的塊莖很像顆粒豆狀物，就說不是豆漿了嘛

馬鈴薯蛋餅
Tortilla de patata
任何口味都有家的滋味

西班牙馬鈴薯蛋餅的由來眾說紛紜。普遍說法是 19 世紀初的西班牙並不富裕，主婦為了讓一家子吃得飽，在煎蛋中加入馬鈴薯，好讓蛋餅分量更氣派，也添加飽足感。蛋餅原料簡單，卻能展現廚師個人特色。有的廚師將蛋餅做得如日本玉子燒般厚實、鬆軟。有的蛋餅相對較薄，外焦香酥搭配剛起鍋的燙口，令人垂涎三尺。不同地區的蛋餅也各有特點：巴斯克地區的蛋餅是切塊後用牙籤叉著吃，南部地區的作法是加入洋蔥、蘑菇、乳酪做更多變化。

1. 厚實的馬鈴薯蛋餅，正餐或點心、冷的或熱食都好吃／2. 昆卡國營旅館的蛋餅，可口程度媲美日本玉子燒

麵包佐大蒜臘腸配氣泡酒
Migas con cava
愛惜食物的創意吃法

早餐吃麵包不稀奇，吃過麵包屑嗎？把隔夜麵包揉成屑之後，泡水軟化，以蒜頭爆香，加入切丁的臘腸、麵包屑一起拌炒，配西班牙氣泡酒，就是一頓香噴噴的下酒早餐！據說這是以前西班牙牧羊人，為了利用吃麵包剩下的乾硬碎屑，而想出來的創意料理，不僅避免食物浪費，兼開胃，一舉兩得！

不要小看麵包屑，吃了還是會飽

三明治配咖啡
Pan o bocadillo y Café
類似潛艇堡，內餡卻截然不同的國民小吃

西班牙的街頭小吃，簡稱 Bocata，中文翻三明治或潛艇堡，冷著吃也美味、熱的吃滋味更多元。

安達魯西亞式的三明治 Mollete de calamar

最簡單與經典的做法是將硬棍子麵包對切、抹番茄醬、夾上肉片、乳酪、番茄等。三明治價格約 €1.5～3 不等，如果想省錢，絕對不能錯過這平價的美食。可以在快餐店、咖啡廳或是專賣 Tapas 的酒吧找到它的蹤跡。三明治的麵包是質地堅韌的棍子麵包，同時也是考驗下顎肌力與牙口的美食。如不習慣吃硬的麵包，可選擇美乃滋、乳酪口味，請服務人員加熱再食用。跟臺灣烤吐司不同，西班牙三明治多半冷食，如果想吃熱的，可請服務人員加熱，或選擇熱壓吐司 (Sandwich caliente)。

常見的三明治口味

三明治口味名稱	中文	特色
Bocadillo de Chorizo	臘腸三明治	永遠的暢銷口味，臘腸耐嚼又帶點果乾香，值得嘗試
Bocadillo de Queso	乳酪三明治	蛋奶素蔬食者也能大快朵頤的三明治
Bocadillo de Jamón y Queso	火腿乳酪三明治	遇熱融化的乳酪與火腿，誰不愛？
Bocadillo de Calamares	花枝圈三明治	跟鹹酥雞、炸魷魚截然不同的西班牙花枝圈。少了胡椒鹽，多了花枝的清甜
Bocadillo de Lomo	豬里肌肉三明治	常見的里肌肉片，如料理得當，肉質軟嫩好入口
Bocadillo de Pata asada	烤豬腿片三明治	類似白切肉片的滋味，肉片脂肪偏少，嚼勁十足

（製表／老蝦）

西班牙炸油條配熱巧克力

Churros y Chocolate española

不論觀光客或當地人都喜愛的經典早餐

西班牙的炸油條分為兩種，第一種是大眾熟知的吉拿棒 (Churros)，它外觀細、咬下去有喀滋喀滋聲響；油條因為壓花製程

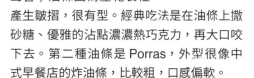

產生皺摺，很有型。經典吃法是在油條上撒砂糖、優雅的沾點濃濃熱巧克力，再大口咬下去。第二種油條是 Porras，外型很像中式早餐店的炸油條，比較粗，口感偏軟。

起源有兩種說法。第一種是葡萄牙人從中國引進，再傳入西班牙。第二種是西班牙的牧羊人為了在工作時，能夠吃到新鮮麵點所發展出來的點心。有別於中式早餐吃油條配燒餅，西班牙炸油條搭配的是熱巧克力。

西班牙熱巧克力質地濃稠，當沾醬，也可用牛奶煮直接飲用。可可豆苦味尾韻強，對於不習慣甜食的人，是直衝腦門的味覺新體驗。炸油條與巧克力在午茶時間也非常受歡迎。跟臺灣小吃蔥抓餅一樣，是隨時隨地能吃的果腹點心。

〖 早餐常見飲品 〗

優格 Yogur

西班牙優格與臺灣優格不太一樣，推薦創立於巴塞隆納、總部位於法國的 Danone 食品公司的產品。Danone 優格是我吃過超市多數優格品牌中口味最多、最香滑的一款。尤其 Danone 香蕉優格不似希臘優格般濃稠，獨到的酸味爽口，吃下去非常舒心！

柳橙汁 Zumo naranja

柳橙汁不稀奇，有趣的是早餐吧檯後面那臺全自動柳橙榨汁機！除了咖啡廳以外，西班牙多家超市也提供自助現榨柳橙汁，先選擇要哪一種容量 (500 或 750

1. 街上也常見可頌、柳橙汁與黑咖啡的早餐組合／2. 當柳橙落入榨汁機的閘口，視線會忍不住被吸引

毫升等) 的塑膠瓶，將塑膠瓶擺放在機器裡，壓下按鈕等現榨柳橙汁，轉上蓋子，到收銀櫃檯結帳就好囉！通常 1 公斤新鮮柳橙汁花費 €2 ～ 3 不等。

▶▶ 玩家交流 ◀◀

💬 **別錯過國營旅館的自助早餐**

想在短時間吃到最多種類的早餐？那就選擇夜宿西班牙國營旅館 Parador 吧！旅館的自助早餐提供多種典型西班牙小吃，從臘腸、乳酪，到炸油條與蛋餅都有。尤其推薦昆卡國營旅館的麵包與甜點，讓老蝦十分懷念。

DATA ·········

Paradores de Cuenca

🔗 parador.es ✉ Subida a San Pablo, s/n, 16001 Cuenca 📞 969 232 320 ➡ 從巴塞隆納自駕車程約 1 小時 💲 雙人房 1 晚含早餐 €125 起 @ cuenca@parador.es

〖 店鋪情報 〗

推薦熱門早餐選擇，不只貼近當地日常，也能感受熱鬧活潑的氣氛！旅行途中，來一場不趕時間的早餐時光。

La Pallaresa
巴塞隆納老店

熱巧克力店

熱巧克力的特色是帶點肉桂，最受歡迎的飲品是熱巧克力上加鮮奶油 (Chocolate Suizo)，一個肥死人不償命，減肥通通留到明天的概念。推薦在炸油條上撒少許白砂糖，喀滋喀滋的聲響意外抒壓。帶肉桂香的米布丁與熱巧克力也是絕配。

DATA ••••••••••••••••••••••••••

✉ Carrer de Petritxol, 11, 08002 Barcelona
📞 933 022 036 🕐 每日 09:00 ～ 13:00、16:00 ～ 21:00 💲 炸油條 €1.8、熱巧克力 €2.8 ➡ 蘭布拉大道往南走，與 Carrer de Carme 路的十字路口，找到建築 Font de la Portaferrissa，轉進 Carrer de la Portaferrissa 路，在第二條巷子右轉 MAP P.039

這麼濃郁的熱巧克力究竟要用喝的，還是吃的呢？

Cafetería 365
想省錢，
來這裡就對了

咖啡廳

就像好鄰居，不只抓住西班牙人的胃，也吸引不少觀光客。如不是西班牙人推薦這兒麵包便宜又好吃，低調的外觀容易讓人錯過。烤爐沒停過，服務人員也不得閒，全天候生意都超好，可頌與熱咖啡 €2 有找。

DATA ••••••••••••••••••••••••••

🌐 cafe365.es
✉ Av. de Francesc Cambó, 13, 08003 Barcelona
🕐 每日 09:00 ～ 21:00，國定假日營業時間不定
💲 麵包 €0.5 起 ➡ Jaume I 捷運站出口往西北方，沿著 Via Laietana 走到 Av de Francesc Cambó 右轉，咖啡廳在左手邊 MAP P.044

1. 巴塞隆納隨處可見的 365 咖啡廳／2. 365 咖啡廳服務快又親切，不會說西語也能輕鬆交流 (攝影／鐵鞋女孩)

Conesa Entrepans

高品質現做三明治

三明治店

經營超過 50 年的冷熱三明治，位在巴塞隆納市政廳斜對面，價格便宜、美味現做，也提供無麩質三明治；附英文菜單。內用座位不多，客人大多外帶，生意非常好。推薦加泰隆尼亞區才有的 Viguetá 香腸三明治；是少數讓我心心念念的西班牙好滋味。

DATA

⊠ Carrer de la Llibreteria, 1, 08002 Barcelona

📞 933 101 394　🕐 週一～六 08:15 ～ 22:15

休 週日　💲 三明治約 €1.5 起　➡ Juame I 捷運站出來沿著 Carrer de Juame I 往西南方走，看到聖若梅廣場，右手邊即是　MAP P.039

Conesa 店門口

La Xampanyeria (Can Paxiano)

今天早餐不喝咖啡，來杯 Cava 吧

有早餐的酒吧

在西班牙來點不一樣的早餐吧！一大早就喝店家自釀的粉紅氣泡酒 Cava 也太銷魂，喝不夠想帶回家當伴手，直接跟店家買就好。推薦三明治搭配加泰隆尼亞風味香腸 Botifarra，鐵板煎過的飽滿肉質，好吃。

DATA

http www.canpaixano.com　⊠ Carrer de la Reina Cristina, 7, 08003 Barcelona　📞 933 100 839

🕐 週一～六 09:00 ～ 22:30　休 週日

💲 三明治約 €1.0 起　➡ Barceloneta 捷運站出來，沿 Carrer del Dr. Aiguader 朝 Passeig de Joan de Borbó 走，右轉 Pla de Palau，左轉 Carrer de la Reina Cristina，步行 3 分鐘　❓ 店內只有販售酒精飲料　http P.044

扎實的香腸腸衣，在鐵板加持後脆的很開胃，咬下去肉汁四溢，用肉汁橫流形容一點也不為過

\\ 玩家交流 //

💬 **不是泳衣的比基尼三明治**

咦？這不是熱壓吐司夾乳酪片與約克火腿 (York ham) 嗎！在加泰隆尼亞區吃得到的比基尼三明治 (Bikini) 不是因為穿比基尼才能點來吃，而是得名於推出這項料理的舞廳「Sala Bikin」，想吃熱三明治夾乳酪火腿，就點它吧。想在其他地區點熱三明治可以說「Sandwich caliente」。

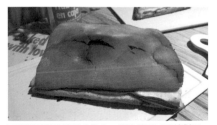

不習慣羊奶乳酪氣味的人，選比基尼口味就對了

BuenasMigas

餐點種類多，
講英文也通

咖啡廳

　　英國人與義大利人合資創立、據點在巴塞隆納的連鎖咖啡廳，明亮的空間與輕鬆的氣氛，吸引的不只是當地人。店內提供咖啡、輕食、麵包與甜點，櫃檯點餐結帳、自行取餐與回收餐盤。最大的特色是可以自行加油添醋（橄欖油、葡萄酒醋、大蒜橄欖油、辣椒橄欖油）以及店內手工果醬。營業時間長，推薦外帶咖啡或是買個果醬伴手禮。

DATA ••••••••••••••••••••••••

http www.buenasmigas.com ✉ Passeig de Gràcia, 120, 08008 Barcelona 📞 932 385 549 🕐 每日 08:00～00:00 💲 麵包約 €1.1 起、熱咖啡約 €1.3 起 ➡ 捷運 Diagnola 站外，往北步行 3 分鐘 MAP P.061

1. 粉紅色與木質紋路的裝潢風格是 BuenasMigas 的特色／2. 利用手指點餐是非西語觀光客在西班牙的日常

La Pubilla

空間不大卻人聲鼎沸，
品嘗道地加泰隆尼亞菜的好選擇

餐館

　　這是一家空間不大卻人聲鼎沸的店，座位不多、吧檯區亦可用餐，僅提供加泰蘭文的菜單。加泰隆尼亞菜特色是選用地中海周邊的新鮮食材如番茄、大蒜、茄子、橄欖油、白豆、鷹嘴豆、菇類、各式海鮮、臘腸與乳酪。每日早餐食材隨季節更換。因為太容易客滿，建議早點來，或是避開尖峰時間再來吃喔！

DATA ••••••••••••••••••••••••

http www.facebook.com/lapubilla.gracia ✉ Plaça de la Llibertat, 23, 08012 Barcelona 📞 932 182 994 🕐 週一 08:30～17:00，週二～五 08:30～00:00，週六 09:00～00:00 休 週日 💲 熱咖啡牛奶約 €1.3 起，每日早餐約 €4 起 ➡ 捷運 Gracia 站往南走，看到公園左轉，直走到 Placa de la Llibertat，在自由市場（Mercat de la Llibertat）旁，步行 3 分鐘 MAP P.061

1.La Pubilla 店面／2.La Pubilla 早午餐（加泰蘭文 TRUITA DEL DIA AMB PA），鹹香的鱒魚白豆佐橄欖油番茄麵包

VIENA

三明治店

隨季節更新菜色，
天天吃都不膩口的三明治店

別傻傻站在門口等店員招呼，自動入店找位子、舉手向服務人員點餐吧！推薦義式香料烤豬肉三明治 (Coca porchetta)，軟嫩茄子配上辛香豬肉片，印象深刻。乾脆學在地人，點生啤配炸薯條 (cerveza y patatas fritas)，迎接美好的一天！

DATA ••••••••••••••••••••••••••••

🌐 www.viena.es ✉ La Rambla, 115, 08002 Barcelona 📞 933 171 492 🕐 週日～四 08:00～00:00，週五～六 08:00～01:00 💲 熱壓吐司約 €3 起，熱咖啡牛奶約 €1.3 起 ➡ 加泰隆尼亞廣場，沿著蘭布拉大道往南，步行約 5 分鐘 🗺 P.050

1.Piri Piri 辣味雞肉三明治。VIENA 被當地臺灣人暱稱美而美早餐／2. 位在擴建區、座位更寬敞的 VIENA 三明治店

Orxateria la Valenciana

耳目一新的
早餐這裡吃

咖啡廳

以歐搯打飲料知名的百年咖啡廳，夏天可吃歐搯打冰淇淋、冬天來上一盤西班牙炸油條與熱可可。想不到早餐吃什麼？就來這邊換換口味。親切的服務人員與悠閒的氣氛，你真的在西班牙沒錯！

DATA ••••••••••••••••••••••••••••

🌐 www.lavalenciana.com ✉ Carrer d'Aribau, 16, 08011 Barcelona 📞 934 546 144 🕐 週一～五 08:00～22:30，週六 09:00～14:00、16:30～00:30，週日 09:00～22:30 💲 早餐組合約 €1.9 起 ➡ Universitat 捷運站 (L1、L2) 出來沿著 Carrer d'Aribau 往北走 2 分鐘 🗺 P.050

1.Orxateria la Valenciana 店門口／2. 歐搯打與軟麵包，再搭一杯咖啡／3. 熱灌腸三明治 (Sobrasada y queso)

pans & COMPANY

三明治口味
形形色色

三明治店 ✂

起源於巴塞隆納的知名連鎖三明治品牌，以快餐形式走紅，分店遍布整個西班牙，鮮黃色的招牌特別醒目。三明治口味將近 20 種，麵包種類至少有 3 種，早餐吧的可頌與甜麵包全天候供應，是老蝦常光顧外帶三明治的好地方，酪梨沙拉也很好吃喔！

DATA ••••••••••••••••••••••

http pansandcompany.com

✉ Ronda de Sant Antoni 90, 08001 Barcelona

☎ 933 187 804　◷ 週日～四 08:30 ～ 23:00，週五 08:30 ～ 01:00，週六 08:30 ～ 00:00　💲 可頌加咖啡約 €1.85 起，西班牙三明治加薯條與飲料約 €3.9 起　➡ Universitat 捷運站外，沿著 Ronda de Sant Antoni 往西南方走 2 分鐘　MAP P.050

1. 有圖有真相的菜單最受人喜愛，手指點餐比一下就有得吃／2. 跟著人群排隊點餐結帳，大膽走進去不用怕

Chocolatería San Ginés

馬德里百年老店

炸油條店 ✂

到馬德里旅遊不能錯過的老店。全天 24 小時營業，裝潢以黑色與綠色搭配，服務人員親切熱情，生意很好，提供簡體中文菜單。兩種油條一次滿足，上餐速度快，建議直接點炸油條配巧克力的套餐比較划算。附設商店亦有販售即溶巧克力粉 (Chocolate para hacer a la taza)、杜隆糖 (Turrón)、巧克力磚等，稍不留意荷包就失血。

DATA ••••••••••••••••••••••

✉ Pasadizo de San Gines, 5, 28013 Madrid

☎ 913 656 546　◷ 全天 24 小時營業　💲 炸油條約 €1.4 起，熱巧克力約 €2.6 起，熱巧克力與炸油條套餐約 €4 起　➡ 從馬德里主廣場 (Plaza Mayor) 往北走，經過遊客中心走到 Calle Mayor 上，轉進 Calle Coloreros

1. 翻桌率超高的馬德里炸油條名店 San Ginés ／ 2. 兩種炸油條超級比一比 (左為 churros，右為 porras)

用餐須知

西班牙餐館種類

除了餐廳 (Restaurante)、咖啡廳、熱巧克力店、酒吧、餐酒館、快餐店、速食店、三明治專賣外，當地其他常見用餐場所有：

⭐ **咖啡廳、酒吧 (Cafetería)**：可能是咖啡廳，也提供少類的酒類跟點心。

⭐ **啤酒屋 (Cervecería)**：啤酒種類較多，一定有下酒小菜 Tapas。

⭐ **酒館 (Taberna)**：提供多種酒類，也供應 Tapas，跟啤酒屋的差別是，酒館是半餐廳式，餐點更多樣。

⭐ **麵包店 (Panadería)**：麵包以外，也販售店家自製的甜食、節慶甜點以及巧克力糖。

⭐ **甜點店 (Pastissería)**：甜食為主，例如甜點、餅乾、果醬，跟 Panadería 不太一樣。

特別的西班牙用餐時間

在西班牙 1 天吃 5 餐不是問題，重點在於是否挑對時間吃飯。不像臺灣早餐店凌晨 5 點多就營業，西班牙的咖啡廳大約上午 8 點後才開門。午餐呢？別傻傻地在中午 12 點到餐廳敲門找飯吃，大部分餐廳下午 1 點半以後、2 點左右才供餐喔。

餐名／西班牙文	時段	食品選項
早餐／Desayuno	08:00 ～ 09:00	咖啡、麵包、果汁、蛋餅
早茶／Almuerzo	10:00 ～ 11:00	咖啡、甜點、餅乾
午餐／Comida	14:00 ～ 16:00	每日特餐，一天中最豐盛的一餐
午茶／Merienda	17:00 ～ 19:30	炸油條配巧克力、甜麵包
晚餐／Cena	20:00 ～ 22:00	Tapas 配酒、沙拉、輕食

（製表／老蝦）

食用西語

請問有推薦的嗎？ ⇒ ¿Qué me recomienda

內用或是外帶？ ⇒ Para comer aquí o para llevar?

我要外帶，麻煩你了。 ⇒ Para llevar, por favor.

我想要熱的麵包。 ⇒ Me gusta el pan calentito.

我要生火腿三明治跟一杯黑咖啡。 ⇒ Quiero un bocadillo de jamón y un café solo.

伊比利生火腿三明治，充分展現西班牙人愛吃火腿的性格

Chapter 2

午餐
La comida

一天最重要的一餐

大推每日套餐，一次滿足特色美食

一般西班牙餐館的午間營業時間，根據城市習慣略有不同，例如巴塞隆納市區的午餐時間為 13:00 ～ 16:00，薩拉戈薩 (Zaragoza) 的每日套餐時間約為 12:00 ～ 16:00 之間。在有露天座位的餐廳或酒館用餐，消費價格會因座位區域而有差異，露天座位的菜單多半起價較高。如果只想喝杯酒、吃點心，通常會被安排在吧檯的高腳椅座位。北部巴斯克地區的酒吧，內用桌椅通常有限，請入境隨俗在吧檯邊站著享用。

每日套餐點餐與送餐流程

1. 入座，看菜單
2. 服務生前來點酒
3. 服務生前來點餐
4. 開胃小菜、麵包
5. 第一道：前菜
6. 第二道：主菜
7. 第三道：甜點
8. 服務生前來點咖啡
9. 結帳

1. 前菜、主菜、飲料與甜點，La Rita 的 1 人份每日套餐／2. 經典第一道菜扁豆湯，配上麵包與白酒，午餐開始

〖 西班牙人午餐吃什麼 〗

每日套餐

如果時間有限，又想在短短一餐飯時間，品嘗在地特色美食，佛朗哥時代留下來的工商套餐習慣「每日套餐」(Menú del Día) 是首選。類似臺灣的商業午餐，比起單點、晚餐更加經濟實惠，它有 3 大特色，分別是在地取材、吃得飽足、不限時間。

常見的每日特餐組合為：第一道菜 (前菜)、第二道菜 (主菜)、第三道菜 (甜點)，價格根據該城市物價水準略有差異，可能不到 €10，也可能超過 €20。有些店家只提供兩道菜，用餐前務必確認菜單再決定。飲料並非隨餐供應，有些餐廳套餐組合中的飲料、麵包必須額外加價。不過即便麵包需要付費，價格也不貴，約 €0.5 ～ 1.5。開飯前先吃點麵包墊墊胃，期待好料上桌。

如果胃口不大，又想嘗試每日特餐，部分餐廳提供二分之一套餐 (1/2 Menú, primero o segundo, bebida y pan)， 可以點每日套餐的一半分量，就不用擔心吃不完，還可以省錢。

A. 店名 B. 週末菜單 C. 第一道 D. 第二道 E. 店家特製甜點 F. 第一道＋第二道＋甜點＋酒＋水＋麵包

★ 旅遊知識 ★

點餐前需要知道的事

★ Carta vs. Menú

Carta 是西班牙文菜單的意思。有些餐廳除了套餐之外，也有 Tapas 與飲料的輕食選項。如果你想看看菜單再決定要不要吃套餐，可以跟服務員拿紙本的菜單 Carta。如果確定要吃套餐，直接跟服務人員說 Menú，對方比較不會搞混。

★ 每日特餐可兩人分享一份嗎？

每日特餐的分量是經過計算，適合 1 人獨享。是否能兩人點 1 份特餐，取決於店家的規定。可在點餐時詢問可否分食。如果店家同意，請務必加點小菜或飲料，展現我們對西班牙用餐文化的尊重喔！

★ 在餐廳喝水要付費嗎？

與臺灣餐廳文化不同，在西班牙點 1 杯水、或是 1 瓶水，需要按照菜單價格付費 (或者看城市的霸氣程度)。地方城市例如潘普洛納 (Pamplona)、薩拉戈薩等地的每日特餐，隨餐附每人 1 瓶礦泉水，或是每人半瓶礦泉水。如果是水龍頭的自來水，大多可免費索取。

1. 礦泉水。以容量計算的話，有時候酒比水便宜／2. 點套餐附整瓶紅酒任你喝 (大城例外)

第一道：前菜
Primeros platos
燉飯也是每日特餐的第一道菜？

雖然叫做前菜，前菜卻不只是開胃菜，分量跟想像中的主菜不相上下。食材使用概念有點像日本的旬之味，根據季節盛產的食材決定菜單主題。夏天以生菜沙拉、生火腿、冷湯、涼拌菜為主。冬天有義大利麵、燉菜、熱湯等選擇。以下是我吃過很有意思的第一道菜。

湯 Sopa

西班牙人怕熱，尤其夏天的西班牙可逼近曬死人的攝氏 50 度，在水跟果汁都無法解渴的情況下，大家會喝冷湯。但是一到冬天，冷湯就乏人問津，來西班牙記得「跟著季節吃」就對了。

🍽 番茄冷湯 Gazpacho

第一次飛西班牙是寒冷的冬天，怎麼樣都找不到網路介紹的番茄冷湯，服務人員對於我想在 0 度的天氣喝冷湯感到狐疑，推薦我點熱呼呼的大蒜湯。一問才曉得冷湯是夏天才在喝的啦！冰涼的蔬菜湯起源自安達魯西亞，食材有隔夜麵包、番茄、橄欖油、大蒜、小黃瓜等蔬菜，如今在西班牙各區都能喝到。另有一種「哥多華冷湯」(Salmorejo)，類似番茄冷湯，但是加入更多比例的橄欖油與麵包，所以色澤更粉橘、口感更加濃稠，有沾醬的感覺。

🍽 西班牙扁豆湯 Lentejas con chorizo

西班牙人對豆子的愛，我難以理解，尤其西班牙湯品水分偏少，用「吃湯」來形容比較恰當。扁豆湯在各區都有，只是食材略有不同。通常加入洋蔥、馬鈴薯、紅蘿蔔燉煮，可加少許臘腸與蒜頭提味，最後以鹽巴調味。已燉得入味軟綿的豆子好入口，且有助腸子蠕動排氣。

1. 大蒜湯 Sopa de ajo(左下) 與豆子湯 Sopa de Judías(上) ／ 2. 哥多華冷湯的口感更濃稠，我很喜歡

蔬菜 Verduras

西班牙是歐洲糧倉，歐洲各地蔬菜大部分由西班牙出口，難怪從歐洲北方下來的觀光客，在市場看到蔬菜、水果都拚命買。難得來趟物產豐饒的西班牙，把握吃飯的時刻多吃蔬菜吧！

🍽 生菜沙拉 Ensalada

是否覺得西班牙語的沙拉跟英語的沙拉 (Salad) 很像？其實它們都來自古拉丁文

1. 番茄冷湯的橙紅色澤討喜，喝起來很像濃稠版的果菜汁／2. 冰涼的白色冷湯 (Ajoblanco) 搭配葡萄乾，好吃又好喝

Salt，有「加上鹽巴」的意思。午餐是西班牙人一天中最重要、分量最足的一餐，沙拉食材繽紛搭配，也讓人胃口大開。常見配料有番茄、鮪魚、紫甘藍、芝麻葉、小黃瓜、鷹嘴豆、彩椒、麵包丁、水煮蛋、新鮮乳酪、乾乳酪等。與臺灣的生菜沙拉最大不同是，沒有沙拉醬，只有兩大調味料，醋(Vinagre)與特級初榨橄欖油。

1. 沒想到在霸氣的西班牙，也能吃到細膩的溫泉蛋薯泥沙拉 (Huevo cocido a baja temperatura) ／ 2. 來自中東的菜餚塔布勒沙拉 (Tabbouleh)，搭配非洲小米庫斯庫斯 (Couscous) ／ 3. 西班牙蔬菜料理不是生食，就是烤熟或是燉爛，圖為烤蔬菜 (Verduras asadas) ／ 4. 搭配水果的柳橙鱈魚沙拉 (Ensalada de naranja) ／ 5. 潘普洛納 Iruña 咖啡的招牌鮪魚沙拉 (Ensalada IRUÑA)

食用西語

朝鮮薊（跟朝鮮一點關係也沒有）⇒ La alcachofa ｜蘆筍⇒ El espárrago

酪梨⇒ El aguacate ｜茄子⇒ La berenjena ｜紅蘿蔔⇒ La zanahoria

黃瓜⇒ El pepino ｜菠菜⇒ La espinaca ｜萵苣⇒ La lechuga ｜玉米⇒ El maíz

洋蔥⇒ La cebolla ｜馬鈴薯⇒ La patata ｜鷹嘴豆⇒ El garbanzo

🍽️ 綜合西班牙燉飯 Paella mixta

又稱大鍋飯的西班牙燉飯，與法國蝸牛、義大利麵，齊名世界西餐 3 大名料理。大鍋飯分量十足，兩人份的燉飯適合臺灣人 3 ～ 4 人享用。如果人數不多，該如何點大鍋飯吃呢？可以在週四，找每日特餐的菜單碰碰運氣。

為何週四的每日特餐才會有燉飯呢？原因眾說紛紜，普遍流傳以下這個說法。西班牙燉飯是當初獨裁將軍佛朗哥 (Francisco Franco) 最喜愛的一道菜，因為他習慣週四出巡，上餐廳點燉飯來吃，如果餐廳沒法提供燉飯，就要倒大楣了。於是餐廳老闆們趕緊在週四的菜單上新增燉飯選項，好滿足將軍突襲的口腹之慾。

燉飯好像有點硬？「因為這樣才吃得出一粒米軟硬兩種口感啊！」西班牙人驕傲地說道。入境隨俗！開動前先用眼睛欣賞燉飯豐富的配料，如魷魚、魚肉、海瓜子、帶殼蝦、彩椒等，以及番紅花的點綴，之後再開動！

薩拉曼卡 (Salamanca) 的 Mesón Cervantes 餐廳，他們的特餐燉飯，海鮮多到滿出來，有夠澎湃

📣 玩家交流

💬 燉飯的米吃起來有點硬？

西班牙人煮的飯，半生半熟，不像臺灣米飯的鬆軟香 Q。為了能一次吃到兩種米粒的口感，西班牙人也是費盡苦心。吃不慣沒熟的燉飯怎麼辦？考慮試試燉麵 (Fideuá) 吧！食材、烹飪方法與燉飯幾乎相同的燉麵，保證麵條絕對全熟，不用吃到胃鄒鄒，還很合我們的胃口呢。

大蒜美乃滋真是百搭醬料，沒想到配墨魚飯如此合拍

🍽️ 墨魚燉飯 Arroz negro con calamares

不要因為看起來黑漆漆，就跳過了墨魚燉飯。它是加泰隆尼亞、瓦倫西亞地區的推薦料理。臺灣熱炒習慣用三杯或是九層塔搭配墨魚，西班牙則是搭配大蒜美乃滋，滑順的美乃滋配上濃濃海鮮香氣的墨魚飯，牙齒黑得心甘情願，細細感念大海的恩賜。

滿滿海鮮的墨魚黑飯

🍽️ 燉麵 Fideuá

一條麵有兩種口感？那就是在說燉麵啦！不論是靠近鍋底吸飽高湯精華的燉麵，

還是靠近鍋邊被烤得焦酥酥的麵條,一麵兩吃超划算。起源地同樣來自瓦倫西亞,美味度不亞於燉飯,普遍受到觀光客喜愛。

除了燉飯專賣店之外,可以在菜市場的熟食區找到燉麵的蹤影,秤重計價,看過 1 公斤價格 €8 ～ 10 左右,超市調理包大約 350 公克 €3.8,方便且不用擔心上館子吃不完了!

1. 海鮮燉麵 (Fideuá de marisco) ／ **2.** 在西班牙人開的亞洲料理創意餐廳,日本炒麵 (Fideos Japones con gambas y verduras) 配新鮮大蝦,好吃

🍽️ 煙花義大利麵 Tagliatella a la putanesca

燉蔬菜 (Samfaina) 是加泰隆尼亞地常用醬料,很地中海風。將洋蔥、圓椒、茄子與番茄燉到像是抹醬一樣,再配上麵條。鹹香的蔬菜醬、畫龍點睛的鯷魚,配上牛奶做成的新鮮軟乳酪,與稍微寬些的義大利麵,作為第一道菜非常開胃。

魚 Pescado ／肉 Carne

🍽️ 薄片鱈魚 Carpaccio de bacalao

西班牙有生魚片嗎?有的!只要標註 Carpaccio(薄肉片) 或是 Tartar(絞肉) 的料理,八九不離十就是一盤生肉,不管是生鮪魚、生鱈魚、牛絞肉都有可能。不喜生食的人務必記住這兩個單字,避免誤點。

無過多調味的生鱈魚薄片搭配朝鮮薊,味蕾新世界

🍽️ 野兔肉醬 Morteruelo

11 世紀就有的西班牙古老菜肴,在中部城市昆卡 (Cuenca) 吃得到。用豬肉、兔肉、山鶉等野味做成像是抹醬的料理。外觀有點像是肉泥,本身沒什麼腥味,肉絲的口感很特別。

昆卡傳統料理野兔肉醬,搭配酥脆的鄉村麵包與葡萄,吃法滿有趣的

第二道：主菜
Segundos platos
烤魚、牛排、燉豬、烤雞，今天想吃哪一道？

服務人員在客人用完第一道菜後，會準備上第二道菜。點餐之前，不妨對照幾種西班牙菜單常見單字，不只看圖點餐，用手指點餐也可以快、狠、準！

🐟 魚 Pescado

除了我最愛的大西洋鱈魚 (Bacalao)，鮪魚 (Atún)、鮭魚 (Salmón) 與太平洋鱈魚 (Merluza) 也是主菜上的常見魚類。聽說西班牙人在吃魚這件事上很懶，不是魚排、就是端上整條魚。如果你跟我一樣吃魚懶惰挑刺、對魚頭無動於衷，來西班牙吃魚根本是天堂。

🍽 炸鱈魚佐蔬菜醬
Bacalao frito con samfaina

大塊的鹽漬鱈魚肉油炸後搭配酸甜的蔬菜醬，涮嘴順口，魚肉多半無刺，大人小孩都喜歡。不瞞你說，要踩到鹽漬鱈魚的雷，可不容易。

🗯 玩家交流

💬 不一樣的西班牙鱈魚

大西洋鱈魚，是西班牙料理中常見的魚肉之一，只要你在菜單上看到 Bacalao，幾乎都是鹽漬大西洋鱈魚。第一次吃魚從皺眉到心花怒放，不敢相信我正在吃海鮮，或許因為鹽巴醃漬的過程帶走了魚腥味，而且肉質扎實又嚼勁。不過如果是用炭烤、香煎、燉煮、油炸，西班牙鱈魚也都一樣好吃。

---

1. 香煎白肉魚／2. 炸鱈魚佐南瓜泥 (Merluza frita sobre crema de calabaza)／3. 喜歡吃魚的朋友，別錯過西班牙魚料理的滋味

🍽 烤鱸魚 Lubina al horno

淡水的鱸魚整條剖半上桌，加入馬鈴薯片、洋蔥、巴西里香草。烤過的魚肉多汁嫩口、除洋蔥甜味外沒有太多重口調味，西班牙料理手法普遍重視食材原味，讓人著迷！尤其 3 ～ 8 月是鱸魚產季，肉質特別肥美。

🐷 豬 Cerdo

豬肉在臺灣飲食文化中占有一席之地，西班牙也是。如今西班牙的豬隻數量已經超越人口總數，成為豬比人多的國家！來這裡肯定要品嘗一下當地的豬肉料理。

常見的豬肉料理除了烘烤燉煮之外，內臟 (Casquería，各種動物內臟的泛稱) 也是桌上佳肴。例如豬腦口味的馬鈴薯蛋餅 (Tortilla de sacromonte)、酥炸豬耳朵 (Oreja de cerdo)、燉豬腳 (Manitas de cerdo)、豬尾巴 (Rabo de cerdo)，豬血做成的黑血腸 (Morcilla) 等，愛吃內臟的臺灣人來西班牙應該會吃到合不攏嘴吧！

🍽 豬里肌肉餐蛋
Lomo con patatas y huevo

豬里肌 (Lomo) 是西班牙料理中常使用的豬肉部位，不帶骨的里肌肉片，吃起來質地細嫩不乾柴，料理方式是用鐵板燒烤。大多數餐廳會附上馬鈴薯片或是馬鈴薯泥，這樣的餐點組合在快餐店 (Cafetería) 很常見。

1. 燉豬肉，外脆口內軟嫩／2. 因海明威走紅的潘普洛納 Iruña 咖啡館，烤豬肋排相當受歡迎

雞 Pollo

西班牙烹調雞肉的方式以燒烤、爐烤、燉煮為主，雞肉的脂肪沒有臺灣雞肥厚，口感結實。跟華人熱愛雞腿 (Muslos de pollo) 的飲食習慣不同，西班牙人偏好無骨的雞胸肉 (Pechugas de Pollo)，市場上雞胸的價格比其他部位貴，其次則是雞大腿 (Contramuslos de Pollo)、雞翅 (Alitas de pollo) 與雞腿。

說到雞，西班牙有一句俗語「雞的心」(Corazón de pollo)，來形容玻璃心、對自己沒有自信的人。

1. 爐烤雞 (Pollo asado)／2. 火烤雞胸／3. 雞腿馬鈴薯泥

牛 Carne de vaca ／ Ternera

西班牙是吃豬大國，不論是乾香腸、新鮮香腸、生火腿、燉肉都是豬肉，部分肉丸、肉排才是牛豬混合。光是西班牙豬肉香腸就有超過 8 種以上。好在這裡是美食聖地，也有牛排。只是點牛排之前要先想想，你要幾分熟？（牛排生熟點餐西語見 P.130）

與華人文化不同，西班牙人講究肉的熟度。生肉 (Crudo) 是完全沒有煎煮直接上桌；一分熟是煎 1 ～ 3 秒；三分熟約 5 ～ 10 秒；五分熟的肉屬於兩面熟，但是內部帶生且有血水；八分熟則是更熟，但帶點血水。

如果你是嚴格不吃牛的人，可避免肉類的炸丸子、肉餅、義大利麵肉醬等食材，因為該料理餡料多為豬牛混肉。

＼ 玩家交流 ／

💬 牛排 Filete 與 Chuleton 有什麼不同？

Filete 與 Chuleton 雖都翻譯為牛排，但兩者價格差很多，滋味也不一樣。Chuleton 是比較厚的牛排，價格較貴，而且不是組合肉。Filete 肉比較薄且價格便宜。

牛肋 (Entrecot ceps)

羊 Cordero ／ Ternasco

🍽 烤羊腿 Ternasco a la brasa

西班牙內陸地區羊肉十分普遍，尤其如果到阿拉貢地區 (Aragón)，一定要試試他們傳統菜餚烤羊腿，這道現點現烤的羊腿排帶骨料理。說到西班牙羊肉的腥羶味，比在臺灣吃到的羊肉少很多。與臺灣羊肉爐中藥加香料的重口味比起來，這裡的羊肉相對原汁原味。羊肉也看年齡，例如 Ternasco 是介於羔羊 (El cordero lechal) 與成年羊 (La oveja) 之間的幼羊。

羊腿排

✈ 旅遊知識 ✈

吃一頓米其林貴嗎？

米其林星星數不等於價位，看起來貴桑桑的米其林餐廳真的要花很多錢嗎？在獨特與多元的料理中吃出感動，如果套餐不到 €40，甚至 €20，你說能不動心嗎？在巴塞隆納摘星吃並不困難，米其林推薦的傳統 Tapas 餐酒館 Mont Bar，價位親民、氣氛舒適。Ohla Eixample 飯店內的一星餐廳 Xerta，週二～五每日午餐只要 €38(含稅)，提供前菜、主菜、甜點、麵包及酒水，亦開放線上預約。

常見烹調方式

鐵板燒烤⇒ A la plancha ｜蒸⇒ Al vapor ｜煮⇒ Cocido ｜烘烤⇒ Al horno
燉煮 ⇒ Braseado ｜煎⇒ Frito ｜炭火烤 ⇒ Parrilla ｜冷凍的⇒ Congelado
新鮮的⇒ Fresco ｜去皮的⇒ Sin piel ｜去魚刺的⇒ Sin espinas

常見海鮮

鮪魚⇒ Atún ｜鯷魚 (Cantabri 區料理，餐酒館常見小菜食材) ⇒ Anchoas
鹽鱈魚⇒ Bacalao ｜螃蟹⇒ Cangrejo ｜鱈魚⇒ Merluza ｜沙丁魚⇒ Sardina
蝦⇒ Camarón ｜蝦仁 (有時是整隻蝦) ⇒ Gambas ｜龍蝦⇒ Langosta
海鮮通稱⇒ Marisco ｜魚類通稱⇒ Pescado

1. 海蚶 (Berberecho) ／ 2. 最左邊的是龜腳 (Percebe) ／ 3. 鐵板蝦 (Gambas a la plancha) ／ 4. 竹蛤 (Navaja) ／ 5. 海螯蝦 (Cigala) ／ 6. 菜市場的蝦蟹區

常見肉類

肉 (通常指牛肉或牛豬混合肉) ⇒ Carne ｜牛肉⇒ Carne de vaca ／ ternera
羊肉⇒ Cordero ／ ternasco ｜豬肉⇒ Cerdo ｜兔肉⇒ Conejo ｜雞肉⇒ Pollo
火雞肉⇒ Pavo ｜鴨肉⇒ Pato ｜肋排⇒ Costilla ｜生火腿⇒ Jamón

常見豬肉部位

蹄膀⇒ Codillo ｜排骨⇒ Costillas ｜臉頰肉⇒ Carrilladas
小里肌⇒ Solomillo ｜豬耳朵 ⇒ Oreja de cerdo ｜三層肉 (豬五花) ⇒ Panceta

常見雞肉部位

雞胸肉⇒ Pechuga de pollo

雞翅⇒ Alitas de pollo

雞腿⇒ Muslos de pollo

牛排幾分熟

一分熟⇒ Poco hecho

三分熟⇒ Poco hecho pero un poco más

五分熟⇒ Hecho ／ en su punto ／ medio hecho

八分熟⇒ Poco más que hecho

全熟⇒ Muy hecho ／ bien hecho ／ sin sangre

素食

蔬食、素食⇒ Vegetariano

維根素（不攝取動物來源的食物）⇒ Vegano

1. 烤雞翅（Alitas de pollo al ajillo）／ 2. 在還沒上第二道菜前，似乎已經八分飽。開始有點後悔，是不是餐前麵包吃太多？

請問有英文菜單嗎？⇒ ¿Tiene una carta en inglés?

（指著套餐詢問）這裡面包括什麼？⇒ ¿Qué contiene?

我們可以合吃 1 份每日特餐嗎？⇒ ¿Podemos compartir el menú del día.

可以／不可以。⇒ Sí. ／ No.

有麵包嗎？⇒ ¿Tienen pan?

麵包是免費的嗎？⇒ ¿El pan en el menú del día es gratis?

每日特餐的費用包括麵包嗎？
⇒ ¿Todo el precio para el menú del día también incluye el pan?

我要點礦泉水／自來水／氣泡水／ 1 杯紅酒／ 1 杯白酒。
⇒ Quiero agua mineral ／ agua del grifo ／ agua con gas ／ una copa de vino tinto ／ una copa de vino blanco.

留小費。（指付款後的找零留作小費）⇒ Deja propina.

第三道：甜點
Postres
餐桌時光，從甜點開始續攤

初來西班牙時，只喝無糖飲料的我，被這裡的甜點甜度嚇到。朋友說：「甜點是拿來配酒的啦！」果然咬著甜脆餅，配上濃度 50% 的茴香酒，就像西班牙人的熱情，既特別又火辣啊！

餐後甜點 Postre

到一座城市找美味時，習慣直接請店員推薦店家的招牌甜點，我因此嘗試了 Cava 雪酪 (Sorbete de Limón al Cava)、威士忌冰糕 (Tarta al whisky) 與自製蛋糕 (Tartas caseras) 等甜點。

1. 威士忌冰糕有威士忌果醬，以及似乎先冷凍過的鮮奶油／2. 喝起來很像冰沙的 Cava 雪酪

🍽 焦糖奶凍 Crema catalana

加泰隆尼亞地區指標甜點之一，是巴塞隆納餐廳甜點清單上的常客，也是每年 3 月 19 日聖約瑟節 (San José) 與西班牙父親節的特製點心。

店員推薦焦糖奶凍時的幸福表情，讓我對這道甜點超級期待

焦糖奶凍表面是用噴槍火烤的焦糖脆片，香氣撲鼻，底下的內餡吃起來很像泡芙的香草卡士達，柔順中帶著香甜。

🍽 雞蛋布丁 Flan

冰冰涼涼的雞蛋布丁，適合炎炎夏日餐後消暑，同為西班牙常見餐後甜點。上面的焦糖醬汁堪稱主角，重點在焦糖的苦澀，搭配甜蜜蜜的雞蛋布丁。與臺灣常見滑不溜丟的布丁相比，西班牙布丁可用粗獷堅實形容，口感濃郁。布丁食材是全脂牛奶、雞蛋、蛋黃、砂糖，酌量添加肉桂或是檸檬皮展現多變的風味。

雞蛋布丁

🍽 優格佐果醬 Yogur con mermelada

飯後優格通常帶點微甜，甚至是無糖。佐料多是西班牙新鮮莓果，例如藍莓、覆盆子、草莓等店家手工自製果醬。如果你不喜歡太甜的甜點，優格也是好選擇。

加了果醬的優格

🍽 蜂蜜乳酪 Queso y miel

加泰隆尼亞地區特有甜點，雖然稱蜂蜜乳酪，實屬甜品。乳酪多半以羊奶製成，搭配黃澄澄的蜂蜜，與乳酪特有的口感，的確是很難在臺灣複製的特別滋味！

1. 奶凍（Panna cotta）／ 2. 加泰隆尼亞特有蜂蜜乳酪

飯後甜酒 Chupitos

在餐廳吃飽飯，服務人員端上小酒杯，並且自顧自的開始倒酒，別擔心，這是餐廳在飯後免費招待客人一小杯高酒精濃度的酒，叫做 Chupito，英文就是 Shot，可能是西班牙果渣白蘭地 Orujo、加了藥草的酒 Orujo de hierba、香甜很容易不小心多喝的奶酒 Crema de licor，或是利口蘋果酒 Licor de manzana。

🍽 美酒配薄脆餅 Oreja de fraile

淋上酒才算正式開吃的飯後甜點，超濃八角味的茴香酒，搭配喀滋喀滋的餅乾，爽口脆餅與高濃度 55% 的烈酒雙重夾擊之下，用餐時光的大聊特聊才正要開始。

1. 無花果冰糕／ 2. 甜點也可以用喝的，餐後蔬果汁

🔔 玩家交流

💬 吃飯不只是用餐，還有 Sobremesa

Sobremesa 字意上是餐後閒聊時光，沒有對應的英文單字。有點像是臺灣人約親友吃飯，不外乎是搏感情或是聊聊近況，西班牙人也是，尤其是飯後的桌邊聊天，常讓我不曉得這頓飯究竟何時結束。曾經跟西班牙友人聚餐，從晚上 8 點入座用餐，餐後甜點、咖啡一樣都沒少，一直聊到深夜 12 點長輩起身，大夥才結帳陸續離開。你問我們都聊什麼？天南地北，節慶、天氣、房地產，甚至桌上的巧克力都是話題。我吃到睡眼惺忪，真是長見識了！

葡萄酒、啤酒、無酒精飲料
Vinos, Cerveza y Bebidas sin alcohol
對西班牙人來說，喝酒像呼吸一樣自然

　　不論餐廳或酒吧，入座後第一件事就是「點飲料」。西班牙人愛喝酒，葡萄酒產量世界第三，僅次於義大利與法國。早餐開喝稀鬆平常。熱愛西班牙的美國知名作家海明威，不只是 1 年拜訪數次西班牙，更熱衷與西班牙人共處悠哉時光，據說海明威酒量之好，從起床到睡前，無酒不歡。

酒精飲料

Cerveza 啤酒

常見酒類：

★ Vino tinto 紅葡萄酒
★ Vino blanco 白葡萄酒
★ Vino rosado 粉紅葡萄酒
★ Sangría 西班牙水果酒桑格莉亞
★ Cava 西班牙氣泡酒之一
★ Jerez 雪利酒
★ Cerveza 有酒精的啤酒

1. 適合搭配 Cava 的下酒菜／ 2. 西班牙啤酒大廠 San Miguel 的 Clara 檸檬口味／ 3.「Sin Alcohol」仍有 1% 不到的酒精濃度，想喝酒又不想喝醉，可以喝標示「0.0」的無酒精啤酒

🍽 葡萄酒 Vino

　　紅酒、白酒一般較常見，而粉紅葡萄酒呢？這種酒並非白葡萄酒加紅葡萄酒混在一塊，而是特定葡萄品種、加上繁複的釀酒工藝方可製成。粉紅葡萄酒酒精濃度也不遑多讓，10% 起跳。每日特餐附加的葡萄酒多半是店家選定餐酒，如在酒單上發現有自己喜愛的產區，可另外點來品嘗。

1. 阿拉貢產區的白酒，酸度平衡中帶點花香／ **2.** 私心推薦納瓦拉 (Navarra) 法定產區葡萄酒，酸香且多層次／ **3.** 服務人員拿出保冷袋呵護這瓶白酒

🍽 西班牙氣泡酒 Cava

Cava 是加泰隆尼亞特有的酒，也是當地的驕傲。Cava 的酸度較低，是氣泡酒的入門款，可以在超市與酒品專賣店買到。跟香檳 (Champagne) 有什麼不同？因只有在法國香檳區使用傳統工法釀造的氣泡酒，才能稱香檳，雖然 Cava 跟香檳有相同的釀造方法，也是屬二次瓶中發酵，但因為不是在法國香檳區釀造，所以不能稱為香檳。Cava 價格約法國香檳一半，細膩的氣泡會讓人上癮，有不同甜度，選擇時可以留意一下。

Cava 甜度

Brut Nature 無加糖

Brut 不甜	Extra Seco 一分甜	Seco 三分甜		Semi Seco 五分甜	Dulce 甜
0	6	12	17	32	50

（單位：糖克數／每公升）

根據甜度與年分選支喜愛的 Cava 作為伴手禮吧。1 瓶 750 毫升的 Cava 只要 €3 起，務必嘗試！

╔══════════════╗
　　　食用西語
╚══════════════╝

★如猶豫不決，不確定要點什麼酒，請服務人員根據餐點做適當的推薦吧！

哪種酒適合這道菜？
⇒ ¿Qué vino va bien con este plato?

★如果餐廳比較高檔，服務人員可能會把酒拿出來，開瓶請你試試，再決定要不要斟滿你的酒杯，你可能會聽到：

要試試看嗎？
⇒ ¿Quiere probar?

★飲料上桌，別忘了與同桌的朋友們一起舉杯說聲：

乾杯 ⇒ ¡Salud!

🍽 雪利酒 Jerez

獨特風味讓許多人為之瘋狂，受到原產地保護的雪利酒，限定西班牙加的斯 (Cadíz) 三角地帶產，是西班牙的國酒也是世界唯一。經過擠壓、蒸餾與發酵，在釀造過程中加入烈酒，酒精濃度在 15% 與 22% 之間。雪利酒能喝能吃，用甜雪利酒做的燉肉料理 (Carrilleras al Pedro Ximénez)，軟爛香甜好入口。如果想認識雪利酒釀造過程，超級推薦到赫雷斯 (Jerez de la Frontera) 來場酒莊巡禮。

1. 被沙士比亞喻為「瓶子裡的西班牙陽光」，滿好喝的／ 2. 在透明酒桶中的雪利酒，可以看到開花 (flor) 發酵過程

🍴 國民飲料桑格莉亞 Sangría

像血一般的清涼酒飲料，是夏天必備飲品。如果你想在家重現，可以拿便宜的紅葡萄酒做基底、加切片柳橙、蘋果、葡萄與砂糖等，喜歡酸一點可以加新鮮檸檬片，亦可隨喜好另外添加白蘭地或是龍舌蘭。西班牙南部還有加了桃子的桑格莉亞，又稱 Zurra。

Sangría 的滋味偏酸甜，不小心就喝多了，但它後勁強，可要留意

🍴 啤酒 Cerveza

啤酒資歷不及葡萄酒，直到 16 世紀國王一聲令下才引進西班牙。因為價格便宜，比汽水、礦泉水還划算許多。

看似簡單的啤酒，點起來還是有學問，也需要留意容量。Una caña 是生啤小杯（約 200 毫升），Un tubo 是生啤中杯（約 330 毫升），Una jarra 是生啤大杯（約 500 毫升）。而 Una botella de cerveza 是瓶裝啤酒（約 330 毫升）。

1. 巴塞隆納啤酒 ESTRELLA Damm 的麥味明顯／2. 巴塞隆納啤酒 MORITZ，在酒吧很常見

〉〉〉玩家交流〈〈〈

💬 葡萄酒產區和品酒順序

想帶支酒當伴手禮嗎？就先認識西班牙葡萄酒的分級制度與陳年時間分類吧！分級從普通到高階依序是：日常餐酒（Vino de Mesa）、地區餐酒（Vino de la Ierra）、法定產區（Denominación de Origen，DO）、優良法定產區（Denominación de Origen Calificada, D.O.Ca；目前有 Rioja 與 Priorat 兩大產區）。以紅葡萄酒為例，陳年時間從短到長分別是：未經過橡木桶釀造的新酒（Joven）、陳釀 24 個月（Crianza）、陳釀 36 個月（Reserva）與需要 60 個月的特級珍藏（Gran reserva）。粉紅葡萄酒與白葡萄酒則另有陳年分類。

在西班牙必喝的葡萄酒，分別為加泰隆尼亞地區 Penedés 所產的 Cava，以及 Rioja 和南部 Jerez 雪利酒。個人私推北部 Navarra 產區的粉紅葡萄酒。

說到底，選支喜歡、順口的酒最重要！品酒順序如下：❶看：喝酒前先將杯子舉高透光看酒色⇒❷聞：將鼻子靠近酒杯，深吸口氣⇒❸啜飲一小口停留幾秒感受這支酒⇒❹喝下酒，感受酒體的尾韻。

Rioja 是世界頂級葡萄酒的知名產區，不只帶動西班牙葡萄酒產業，也建立了葡萄酒相關認證，對愛酒人士來說，具有非比尋常的意義

在西班牙任何酒精含量低於 1% 的飲料都可標為無酒精。西班牙的熱情，在無酒精啤酒上同樣一覽無遺。出乎意料的是，想在西班牙找無酒精啤酒，也很方便，酒吧餐廳多為駕駛提供無酒精啤酒，在超市也很容易買到。

常見無酒精飲料：

★ Té 茶
★ Mosto 葡萄果汁
★ Refrescos 汽水
★ Agua mineral 礦泉水
★ Agua con gus 氣泡水
★ Zumo de naranja 柳橙汁
★ Cerveza sin alcohol 無酒精啤酒

咖啡 Café

臺灣人習慣飯後甜點配咖啡，但是在西班牙的用餐順序並不如此，通常是吃完甜點之後，服務人員才會詢問要不要來杯咖啡。以下列出西班牙常見的咖啡種類，一看就懂，不用怕會點錯！

滿滿八角味的 Café carajillo

常見的咖啡口味：

★ Bombón 蜜糖咖啡（煉乳）
★ Café Americano 熱美式咖啡
★ Café solo 黑咖啡
★ Café con hielo 冰咖啡
★ Café doble 雙倍濃縮咖啡
★ Café con leche 熱咖啡加牛奶

★ Cortado 熱咖啡加少量牛奶
★ Café manchado 熱咖啡加大量熱牛奶
★ Café descafeinado 低咖啡因咖啡
★ Café con miel 蜂蜜咖啡
★ Café carajillo 熱濃縮咖啡＋酒（威士忌、白蘭地或茴香酒）

西班牙友人來臺灣玩時，因為好奇超商熱拿鐵的味道，買了 1 杯喝沒兩口，立刻跟我說：「這咖啡怎麼這麼淡？」其實同樣都是咖啡加牛奶，西班牙的咖啡加牛奶就是比較濃。

西班牙的 Café con leche 泛指熱濃縮咖啡加上少許牛奶，並非濃縮咖啡加上蒸氣牛奶與奶泡。端出濃縮咖啡後，服務人員再倒一點牛奶在熱咖啡裡，就完成 Café con leche。對西班牙人來說，咖啡牛奶的主角是咖啡，因此奶味相對淡很多。而 Cortado 是濃縮黑咖啡加上微乎其微的牛奶，牛奶分量比 Café con leche 還要少，咖啡味道更濃，幾乎感覺不到牛奶。

1. 企圖在 Café con leche 上畫出 1 隻兔子的有趣店員／ 2. 熱咖啡加牛奶 (Café con leche)

食用西語

推薦哪種甜點呢？

⇒ ¿Qué tipo de postre me recomiendan?

麻煩 1 杯熱牛奶咖啡。

⇒ ¿Un café con leche, por favor?

外帶 1 杯熱濃縮咖啡。

⇒ Un café solo para llevar.

咖啡加冰。⇒ Café con hielo.

咖啡去冰。⇒ Café sin hielo.

★如果問哪一國人最擅長說情話，西班牙人一定數一數二。連天天在喝的咖啡都能拿來讚美對方，各位追男追女仔，學起來吧！

你的眼神有咖啡嗎？

我看你的時候都特別有精神！

⇒ ¿Tienes café en la mirada? ¿Por qué se me quita el sueño cuando te miro?

店鋪情報

如果你剛好在西班牙中部、西北部自助旅行，擁有將近 20 家分店的 Cafés la Mexicana 專賣咖啡豆與現沖咖啡，很適合在旅途中停下腳步，進去逛逛。

🌐 www.lamexicana.es

📞 915 212 055

🕐 週一～六 09:30 ～ 20:00

✉ Calle de Preciados, 24, 28013 Madrid 💲 1 杯咖啡約 €1

Cafés la Mexicana 的店員，會親切地透過比手畫腳向外地人介紹咖啡

西班牙 傻 看 聽

咖啡這麼小杯？

與英、美的咖啡杯相比，西班牙的咖啡杯略小，熱濃縮咖啡的杯子大概 30 毫升，咖啡牛奶的杯子大概 200 毫升，而臺灣超商中杯咖啡約 360 毫升，也難怪第一次來西班牙的朋友看到咖啡這麼小杯暗自覺得虧了。其實並沒有虧到喔！別看西班牙人隨性好客，說起喝咖啡還是很講究的。西班牙的咖啡喝起來格外濃醇厚實，咖啡味道如果太淡還會被當地人嫌棄是髒水 (Agua sucia) 咧！

1. 猜猜哪杯是 Cortado？／ 2. 煉乳咖啡真材實料，用湯匙攪一攪再喝，讓我想起甜到心坎裡的越南咖啡

〖 店鋪情報 〗

排隊店不一定美味，要吃過才曉得是否合自己口味。跟著在地人的腳步，瞧瞧這幾間位在巴塞隆納、薩拉戈薩、潘普洛納與聖塞巴斯提安的美味餐館。

EL CASAL
不用分量充數，吃得巧才是西班牙

小酒館

獨我們這桌觀光客，其他的客人像是熟客，有回到自己家一樣的自在。氣氛活絡的小酒館，從爽口且繽紛的餐前沙拉開始，店家拿手烤豬腳入口即化。座位不多，建議事前預約或開店時就抵達。

DATA ••••••••••••••••••••••••••••

http www.elcasalcafe.com ✉ Plaça Víctor Balaguer, 5, 08003 Barcelona 📞 932 684 004 🕐 週一～三 07:00～16:00，週四～五 07:00～16:00、18:00～00:00，週六 18:00～00:00 休 週日 💲 套餐約 €10 起 ➡ Barceloneta 捷運站 (L4) 外，沿著 Pla de Palau 往 Carrer de la Marquesa 走，右轉 Carrer dels Canvis Vells，走 Carrer de les Caputxes，左轉 Carrer dels Abaixadors，右轉 Carrer de la Nau 抵達，步行約 8 分鐘 MAP P.044

彷彿小型酒類圖書館的 EL CASAL 吧檯

Cafè de L'Acadèmia
再隱密的店都逃不過吃貨的追逐

餐館

隱身哥德區巷弄內，裝潢氣氛就像走入時光機一樣。主打加泰隆尼亞料理，手工甜點尤其誘人。誰說西班牙甜點只有死甜？肯定是沒吃過 Cafè de L'Acadèmia 的手工甜點呀。店內座位不多、光線偏暗，建議事前預約。

DATA ••••••••••••••••••••••••••••

http Carrer dels Lledó, 1, 08002 Barcelona ✉ 933 198 253 🕐 週一～五 13:00～15:30、20:00～23:00 休 週末 💲 套餐約 €15 起 ➡ Juame I 捷運站 (L4) 外，往西南方向走 Plaça de l'Àngel 朝 Carrer del Sots - Tinent Navarro 前進，走 Carrer do Jaume I，左轉 Carrer de la Dagueria，走 Plaça de Sant Just，轉進 Carrer dels Lledó，步行約 5 分鐘 MAP P.039

1.Cafè de L'Acadèmia ／ 2. 手工甜點，讓人垂涎三尺

La Rita

鄰近米拉之家，
歇腳休息好地方

餐館

套餐除了 3 道菜，亦包括麵包、咖啡與 1 杯酒。假日套餐約 €20，平日套餐只要 €10，服務品質不打折。餐點分量足、美味、服務生利落不囉唆。可以兩人點 1 份套餐，記得多點杯飲料，當個不失格的旅人。

DATA ••••••••••••••••

http www.grupandilana.com/en/restaurantes/la-rita
✉ Carrer d'Aragó, 279, 08009 Barcelona
☎ 934 872 376 🕐 每日 13:00 ～ 15:45、20:30 ～ 23:30 💲 套餐約 €10 起 ➡ Glrona 捷運站 (L4) 外，往西南走 Carrer del Consell de Cent 朝 Carrer del Bruc 前進，右轉 Carrer del Bruc，左轉 Carrer d'Aragó，步行約 8 分鐘 MAP P.065

平日午間特餐
名聲響亮的巴
塞隆納 La Rita

La Comedia

招牌料理
烤伊比利豬一鳴驚人

餐館

就是不愛觀光名店，我在潘普洛納誤打誤撞找到的餐廳。帶著都會風的簡潔裝潢，適合與朋友聚會聊天，喝飲料或點套餐。獨門料理伊比利豬排佐烤蘋果 (Secreto de cerdo Ibérico)，不愧是服務人員推薦，火烤的肉排肉質甜美，配上微酸的蘋果相當解膩，不愧是除了生火腿以外，品味伊比利豬的最佳吃法之一。

DATA ••••••••••••••••

✉ Calle Comedias, 13, 31001 Pamplona, Navarra
☎ 948 224 863
🕐 每日 11:00 ～ 00:00
💲 套餐約 €15 起
➡ 位在潘普洛納舊城區，城堡廣場 (Plaza del Castillo) 旁的 Calle Comedias 路上

潘普洛納餐廳 La
Comedia 的餐酒很
好喝

✈ 旅遊知識 ✈

收據項目 IVA 與小費文化

IVA 不 是 服 務 費，是 Impuesto sobre el Valor Añadido 的縮寫，又稱增值稅，是店家從你的錢扣掉一部分交給政府的稅收。結帳時發現費用比點菜的時候多怎麼辦？別緊張，先看菜單餐點是不是「Sin IVA」（不含增值稅），如果菜單標註的是「IVA incluido」，就表示已經內含增值稅，否則結帳時會另外加稅喔。

此外，跟美國不一樣，西班牙政府無強制客人餐後付小費，通常會根據結帳金額加上自身經濟能力給予小費，表示對服務的肯定。有些餐廳的帳單已經包含服務費。如果很滿意人員的服務，可將找回的零錢放在原先放置帳單的小碟子裡，就表示零錢是要留作小費之用，或可以直接說：「Quedate con el cambio.」（零錢不用找了。）金額不嫌多，心意無價。

El Celler de Jabugo

逛羅卡購物村後，
大吃美食的好選擇

 餐館

推薦烤淡菜！用白酒、香蒜、橄欖油拌炒新鮮淡菜進烤箱烹調。將淡菜肉一口塞，品嘗經過烤箱微妙加熱的鮮味、飽滿的肉質，再用淡菜殼舀起大蒜橄欖油的湯汁，整盤喝光以表對食材的最高敬意。手法無需繁複，簡單調味就是最佳吃法。

DATA ••••••••••••••••••••••••••••

http www.facebook.com/El-Celler-de-Jabugo-166491413378258

✉ Plaça de Maluquer i Salvador, 20, 08401 Granollers, Barcelona

☎ 938 709 600　🕐 週一～六 08:00 ～ 00:00

休 週日　💲 套餐約 €14 起　➡ 從羅卡購物村 (La Roca Village) 出發，在公車站 Estació de França - Marquesina C 搭 L51，在 Rbla. de Josep Tarradellas 站下車，車程約 20 分。下車後往西北走 Carrer de Josep Umbert i Ventura 朝 Av. Sant Esteve 前進，右轉 Carrer Anselm Clavé/Carrer de Josep Anselm Clavé，繼續接著走 Plaça Josep Maluquer i Salvador，步行約 5 分

1.El Celler de Jabugo 巴塞隆納餐廳門口／2.西班牙的淡菜很好吃，連吃完的殼都這麼美

El Fuelle

當地人一致推薦的
傳統風味餐

 餐館

朝聖阿拉貢料理必訪之地，烤羊腿 (Ternasco a la brasa) 以及紅酒蜜桃 (Melocotón con vino) 是人氣菜色。裝潢用心，踏入餐廳的瞬間就像走入歷史的洪流。平日中午限定套餐只要 €13，3 道菜附麵包與酒水。除了羊就是兔，不愧是內陸。

DATA ••••••••••••••••••••••••••••

http www.el-fuelle.com/espanol.html　✉ Calle Mayor, 59, 50001 Zaragoza　☎ 976 398 033

🕐 週一～六 12:00 ～ 16:00、19:30 ～ 00:00，週日 12:00 ～ 16:00　💲 套餐約 €10 起　➡ 位在舊城區，從景點主教座堂 (Catedral del Salvador de Zaragoza) 出發，往西南方 Plaza la Seo 朝 Calle Ramón Cuéllar 前進，走 Calle Ramón Cuéllar，左轉 Calle Cisne，右轉 Calle Mayor，步行約 5 分

1. 薩拉戈薩餐廳 El Feulle 的燒烤廚房／2.El Fuelle 的牆上掛著滿滿對阿拉貢地區的愛

Plaza Goya

西班牙料理新境界，
換換口味充滿驚喜

餐館

　這是一家能在傳統料理區，端出不平凡創意菜色的餐館，添加了亞洲元素的複合風味，假日擠滿家庭聚餐的客人，想試試生鱈魚薄片、炸鱈魚、烤乳豬，來這裡準沒錯。服務人員豪氣地說：「跟巴塞隆納不一樣，我們這兒一份套餐的附餐飲料就是整瓶酒，盡量喝。」酒量不是特大的我在服務人員的盛情下頻頻乾杯，離開時還剩下紅酒半瓶。

DATA

http plazagoya.com

✉ Espacio multifood c/San Miguel, 7. Zaragoza

📞 976 468 551　🕐 週一～五 08:30 ～ 00:00，週末 09:30 ～ 00:30　💲 套餐約 €14 起　➡ 搭輕軌或是公車在 Plaza España 站下車，往西南沿著 Plaza de España 朝 Paseo de la Independencia 前進，靠左走，左轉 Calle San Miguel，步行 2 分鐘

1

1. 薩拉戈薩的餐廳 Plaza Goya 半開放用餐區／**2.**Plaza Goya 的烤乳豬 (Cochinillo al horno)，飽滿膠質搭配自製肉汁

2

Morgan Donostia

觀光客掰掰，
當地人帶路好食

餐館

　躋身於聖塞巴斯提安酒吧林立的老城區，一家幾乎全是在地人的創意料理餐館，拿相機的我顯得格外醒目。貼心的二分之一套餐，是食量不大又想追尋美味者的福音。店員非常親切而且特地降低語速，細心解說每一道菜的食材與特色。

　不愧是店員推薦，前菜的溫半熟雞蛋沙拉 (Huevo cocido a baja temperatura) 與甜點炸牛奶麵包 (Torrijas) 非常好吃。餐後甜點羊奶酪 (Cuajada) 也是西班牙北方一帶的人氣甜點。店員介紹這兒特色甜點時，他那糾結著每一種都很好吃而難以言喻的表情，真是讓我記憶猶新。如果可以，真想住在隔壁，把料理通通吃過一輪！

DATA

http www.morgandonostia.com

✉ C/Narrica 7. 20003 San Sebastián

📞 943 424 661　🕐 週日～四 13:00 ～ 16:00，週五～六 13:00 ～ 16:00、20:00 ～ 23:00　💲 套餐約 €18 起　➡ 從聖塞巴斯提安遊客中心 (Donostia Turismoa) 出發，沿著 Boulevard Zumardia 往西走，朝 Narrika Kalea 前進，右轉於 Narrika Kalea，店在左手邊，步行 1 分鐘

聖塞巴斯提安 Morgan Donostia 店不大，但人氣旺

Chapter 3

下午茶

La merienda

西班牙式
甜點時光

**飯後甜點是另一個胃，
甜食或許是西班牙的一整天**

在西班牙，許多傳統點心都來自修道院修女們的巧手與靈感而流傳至今，雖然我沒親自到修道院一尋甜食，但修女們只靠著砂糖與雞蛋就打造出飯後天堂，實在厲害！必須說，這裡的甜點種類多到滿山滿谷，絕對不是幾頁就能說得完，相信仍有許多甜點的靈感在西班牙各地蠢蠢欲動，等待被創造與發掘。

西班牙特色甜點

— MENU —

聖雅各蛋糕
Tarta de Santiago

培根雞蛋布丁
Tocino de cielo

傳統蛋捲
Neules

蛋奶糊
Natillas

炸牛奶
Leche frita

脆餅
Carquinyolis

阿拉貢牛軋糖
Guirlache

以製作巧克力甜點為名的 chök 在晚上 8 點後有特價活動

⟦ 西班牙人甜點吃什麼 ⟧

聖雅各蛋糕　Tarta de Santiago
紀念聖人聖雅各 (St. James)，屬加利西亞地區傳統甜點

又稱作朝聖者蛋糕，以杏仁粉、糖、雞蛋等製成，加入適量檸檬皮或是肉桂粉，是西班牙代表甜點之一。口感扎實，可搭配利口酒一起吃。不愧是西班牙，甜點最佳良伴就是酒。現在不用徒步走到加利西亞地區 (Galicia)，也能吃到聖雅各蛋糕囉！

朝聖者蛋糕搭配 Meus amores 利口酒，烈酒下肚人都醒了，對我來說趣味多過美味，利口酒跟蛋糕還是分開吃比較合我口味

培根雞蛋布丁　Tocino de cielo
培根雞蛋布丁沒有培根，黃澄澄的只有雞蛋

個頭比臺灣布丁小，雞蛋濃郁的程度遠遠超過義美布丁。南部赫雷斯 (Jerez) 的修道院修女們真厲害，想出了一個簡單好上手的作法，用大量的蛋黃與糖，做出這道雞蛋味非常濃厚、有「培根」之封號的點心。口感嚼勁介於布丁與蛋糕之間，偏 Q，不需要牛奶，只用蛋黃與砂糖即可完成。偉哉，修道院。

好吃到不嗜甜的我也可以嗑完一盤

朵莉哈斯　Torrijas
西班牙式法式吐司

在西班牙也有法式吐司，源於 15 世紀修道院，聰明的修女們將隔夜棍子麵包做成像是法式吐司的點心，是大齋節 (Cuaresma) 的常見早餐，可淋上酒或是砂糖再吃，加蜂蜜也不錯，柔軟的口感，伴著香甜，讓人吃得心花怒放。

配上冰淇淋的朵莉哈斯也很好吃

蛋奶糊　Natillas
修女智慧另一傳世傑作

口感吃起來很像卡士達餡的羹湯版本，有點像是香草奶凍，費工一點的店家會添加肉桂或是香草提味，香滑好吃，在中部地區吃到的蛋奶糊上面會多放一塊圓形餅乾。據說也是起源自中古世紀修道院，修女們在食材有限之下，做出在當時來說算很奢華的點心。

蛋奶糊搭配圓形餅乾，甜度比焦糖奶凍少一些

米布丁　Arroz con leche
來一碗溫熱的米布丁療癒心情

對臺灣來說，米多半會做成鹹食。但到了西班牙，米除了大鍋燉飯，還可以做成甜甜的米布丁。滿滿肉桂粉的米布丁，對喜愛肉桂香的朋友來說無疑是一大享受，牛奶與肉桂、砂糖真的也是絕配。米布丁在西班牙是很普遍的飯後點心，在超市還可以找到米布丁專用的包裝米 (Arroz para postres) 喔！

米布丁就是甜米粥啊（恍然大悟！）

炸牛奶　Leche frita
科技來自人性，甜點或許來自天性

炸牛奶是古人為了保存容易腐敗的鮮奶，所想出來的保存方法，直接做成點心放在肚子裡。吃起來像是白糖糕，咬下去有卡士達醬的香甜，吃完嘴不油膩，帶有相當的飽足感。普遍認為起源自帕倫西亞 (Palencia)，是僅用麵粉、牛奶與砂糖，加上時間的沈澱，所完成的小點心。

炸牛奶上面有如雪花的是椰子粉

薄脆餅　Coca de vidre
老闆耳提面命說這跟玻璃一樣脆弱要小心拿著吃，好像我力氣很大一樣

薄脆餅是很邪惡的點心，一吃就很難停下來

　加泰隆尼亞區的烘焙店，幾乎都找得到這涮嘴的點心。Vidre 字面意思是玻璃，換言之這餅乾很薄，而且一捏就碎。聞起來帶點八角味，鹹鹹甜甜的非常好吃，只要有麵團、橄欖油、松子、砂糖和茴香酒，就能做出這道點心。

奶油松子餅　Coca llavaneres
在臺灣貴得很的松子，在西班牙好似家常食材

Coca llavaneres 創始店 Pastisseria Sala(攝影／鐵鞋女孩)

　源自加泰隆尼亞沿海地區的傳統點心，大量使用奶油與杏仁糖（西班牙文 Mazapán，發音很像「馬上胖」，的確熱量不低），再霸氣地撒滿松子烘烤。扁扁的很像披薩，卻是貨真價實的酥皮點心。外觀跟松子餅很像，但吃起來比較脆。

松子餅　Coca de Llardons
香噴噴豬油渣個滿嘴，吃全素者請迴避

松子餅，又名油渣糕餅

　同樣躋身熱量破表的節慶點心，口感跟奶油松子餅不一樣。松子餅用雞蛋、砂糖、油渣（豬油）以及松子製成，鬆鬆脆脆的，不會太甜。好在現在不用等到節慶，也能在傳統糕點店買到，適合搭配甜酒（例如 Moscatel) 或是 Cava 一起品嘗。

脆餅 Carquinyolis

切勿單用外貌評價西班牙甜食，會錯失許多美味良機

搭配甜酒享用的脆口餅乾，外觀像是夾了果仁或是果乾的麵包。食材有麵粉、糖、雞蛋，跟烤過的完整杏仁，香甜不膩口是它最迷人之處。除了加泰隆尼亞地區，在內陸阿拉貢地區、巴利亞利群島 (Islas Baleares) 也有這道點心。

在 Cava 產區享用酒莊自製的脆餅，佐甜度高的 Cava 著實是樂事一樁

傳統蛋卷 Neules

配西班牙 Cava 氣泡酒一起吃才「加泰」

麵粉、糖、蛋清等食材製作，外觀長型有如蛋卷，不過並非空心蛋卷，裡頭常常會塞如巧克力、橘子餡、杏仁、咖啡、杜隆糖 (Turrón) 等綿密的香甜餡料，很像臺灣脆笛酥但是口感更好、更扎實。跟杜隆糖一樣，過去是聖誕節特色零食，但現在不用等到聖誕節也能吃到。

容易讓人一口又一口的蛋卷

阿拉貢牛軋糖 Guirlache

最好留在肚子裡，別放在行李箱的伴手禮

又是一項高熱量甜點，是說甜點怎麼可以沒熱量呢？傳統口味只用杏仁與焦糖，現在因應健康潮流，有些店會加入葡萄乾、開心果等，最正統的莫過於阿拉貢產區的 Marcona 杏仁，工法源自阿拉伯，小小 1 條杏仁糖雖然要 €5，但是吃下去的香氣與不黏牙讓我非常驚喜，我對它的熱愛遠遠超越臺灣花生糖，齒頰留香的印象，到現在還常想念。因為杏仁容易受潮壞了口感，比起帶回家當伴手禮，建議還是快快吃才不會殘念。

1. 薩拉戈薩百年甜點店 Pastelería Fantoba 的阿拉貢牛軋糖非常好吃／ 2. 阿拉貢牛軋糖的真面目

〖 加泰區節慶常見點心 〗

認真覺得西班牙人很會善用各種大小時機，喝酒配點心。與宗教慶典息息相關的手作糕點，其實很多點子都來自修道院。

松子杏仁球　Panellets
馬鈴薯遇上杏仁粉與糖，完美午茶

第一次吃到松子杏仁球是巧遇加泰隆尼亞地區的諸聖節 (Día de Todos Los Santos，為追憶死去聖人的日子)。不用麵粉，不用油，也不加 1 滴水或是牛奶，口感很像乾一點的月餅蓮蓉餡，小小 1 顆分量十足。不愧是西班牙，吃甜點一定配酒，口感飽滿的松子杏仁球搭配 Moscatel 甜酒一起品味，酒精濃度 15%，但甜酒後勁頗強，請斟酌酒量。

松子杏仁球口味多樣，有原味、咖啡與椰子

焦糖奶凍　Crema Catalana
店員眉飛色舞推薦的點心

起源自每年 3 月 19 日聖約瑟節 (San José) 的特別點心，來自加泰隆尼亞地區。據說是修道院修女們趕不及上菜，端了這道還熱呼呼的布丁，燙口香甜的滋味讓它聲名大噪，現在不用節慶也吃得到囉！焦糖的甜搭配底下奶凍的滑，甜上加甜，印象深刻。

每一家的焦糖奶凍口味略有不同，共同點就是都很好吃

1. 三王節應景吃的蛋糕 (Roscón de Reyes)／2. 恨天高的蛋白霜甜點，熱量越高越暢銷／3. 格拉納達滿街都在賣的海綿小蛋糕 (Piononos)

〖 店鋪情報 〗

分享西班牙友人推薦的甜點店。低調的店家通常沒有華麗的廣告或裝潢，很容易被忽略，但絕對值得嘗試。

Pastelería Hofmann

會呼吸的可頌，
平易近人的甜點樂園

甜點店

想品嘗西班牙得獎的可頌麵包嗎？來Hofmann 就對啦！高品質卻親民的價格，1 顆不用 €2。除了招牌可頌，乳酪蛋糕、餅乾、巧克力糖等也很受歡迎，容易逛到手滑掏錢，是我回巴塞隆納一定會光顧的甜點店。不要太晚去，數量有限，賣完為止。

DATA ••••••••••••••••••••

http www.hofmann-bcn.com/es/pasteleria
✉ Carrer dels Flassaders, 44, 08003 Barcelona
☎ 933 195 889　🕐 週一～六 09:00 ～ 14:00、
15:30 ～ 20:00、週日 09:00 ～ 14:30　➡ 出 Jaume I捷運站(L4)，沿著 Carrer de la Princesa 往東北方走，右轉 Carrer dels Flassaders，約 6 分鐘　MAP P.039

1.Hofmann 門 口／ 2. 除原味之外，其他口味的可頌外殼都裹上一層薄薄如雪花般的糖霜，看起來誘人

Pastisseria Escribà

從視覺開始顛覆對
蛋糕外貌協會的想像

甜點店

具有讓人把甜點誤認為模型的好手藝！巴塞隆納無人不知的甜點名店 Escribà，家族經營已超過百年，目前由甜點界教父之稱的第四代 Christian Escribà 繼承。出自 Escribà 的巧克力像被賦予生命，必定能帶給客人驚喜與感動。想輕鬆內用並避開大批人潮，請指名 Gran Via 分店。

DATA ••••••••••••••••••••

http www.escriba.es　✉ Gran Via de les Corts Catalanes, 546, 08011 Barcelona　☎ 934 547 535
🕐 每日 08:30 ～ 21:00　➡ Urgell 捷運站出來，往西北方，沿著 Carrer de Villarroel 朝 Gran Via de les Corts Catalanes 前進，店鋪在右手邊，步行 1 分鐘
MAP P.050

1. 蘭布拉大道的 Escribà 店鋪已有百年歷史／ 2. 看起來跟鮪魚罐頭沒兩樣的乳酪巧克力蛋糕／ 3. 莓果優格

chök

巧克力愛好者的天堂，還沒吃就先被吸引

甜點店

一群熱愛巧克力的人打造的甜點世界，小小店舖裡的松露巧克力、糖霜甜甜圈、手工餅乾等各個爭奇鬥豔，不只是拚美味，也比誰更搶眼。若有誰走出 chök 時兩手空空的話，我會很驚訝的！晚上 8 點限定品項 8 折的優惠，經過別忘了來碰碰運氣喔！chök 在巴塞隆納有 5 間分店，也開放線上訂購。

DATA ••••••••••••••••••••••

http www.chokbarcelona.com ✉ c/ del Carme, 3 08001, Barcelona ☎ 933 042 360 🕐 週一～日 09:00 ～ 21:00 ➡ Liceu 捷運站 (L) 出站，沿著蘭布拉大道往北走，左轉 Carrer del Carme，約 2 分鐘 MAP P.050

1.chök 門口／ 2. 可頌甜甜圈非常誘人

Limón y Menta

內用一位難求，外帶一樣美味

甜點店

前往塞哥維亞水道橋 (Acueducto de Segovia) 必經之路，可以在這家點心店買到傳統甜點 Ponche。Ponche 是帶著菱形紋路的甜點，吃起來有點像帶柑橘味的甜麵包，砂糖沙沙的口感很明顯。由於阿方索十三世國王 (Alfonso XIII) 的推廣，加上在 1929 年巴塞隆納世界博覽會得到金牌，Ponche 就這樣傳開，不同烘焙坊推出的Ponche 口味也略有不同。

Limón y Menta 精心製作的巧克力糖果 (Bombones)、甜中帶酸的蘋果派 (Tarta de manzana)，以及蛋黃糕 (Yemas de Santa Teresa，只用糖和蛋黃 2 種原料製成)，也是老蝦的推薦品項！

DATA ••••••••••••••••••••••

http www.pastelerialimonymenta.com ✉ C/ Isabel la católica, 2, 40001 Segovia ☎ 921 462 257 🕐 週一～五 09:00 ～ 20:30，週末與假日 09:00 ～ 21:00

1.Limón y Menta 店門／ 2. 點心 Ponche Segoviano 有大有小，認明蛋糕表面的菱形格紋就好

Chapter 4

其他美食

Las comidas del día

麵包、Tapas
任君選擇

**點份 Tapas 配個酒。
擔心吃不飽？加片麵包吧！**

若說大鍋燉飯是西班牙的美食國王,那 Tapas 無疑是西班牙美食之后了!變化多端的可口下酒菜 Tapas,就像西班牙人追求生活的態度:自由、享樂。那麼,支撐起西班牙餐桌的麵包呢?麵包的重要程度,不亞於陽光、空氣與水喔!

西班牙餐桌的日常美食

— MENU —

麵包
Pan

下酒小菜
Tapas

西班牙北部小菜
Pinchos

伊比利豬
Ibérico

1. 西班牙麵包種類之多,容易看到傻眼／2. 薩拉戈薩「週四小菜之夜」(Juepinchos),點酒就送 Pinchos

〖 西班牙餐桌不會少的食物 〗

麵包 Pan

麵包代表小麥的歷史，橄欖油象徵地中海，鹽代表著耶穌提過的地上之鹽與世上之光，番茄則是哥倫布從新大陸帶回的新物種。小小一片麵包，含著深遠的意義。

西班牙產稻米，但餐桌的主角永遠是麵包。麵包對於西班牙人，就像米飯對於客家人不可或缺，而且他們有一套哲學：只要有麵包，再難過也覺得幸福。此外，麵包的重要性，也可從當地諺語一覽無遺。

西班牙各地麵包款式加起來至少百來種，驚人的是它們原料不外乎水、鹽、小麥粉。簡樸的外表，自然發酵，吃的時候需要費勁將麵包撕扯下來才行，越吃越香、容易上癮，與臺式麵包的蓬鬆柔軟不一樣。如果擔心麵包太硬咬不動，炒麵包屑、番茄冷湯、大蒜湯等都是麵包的再進化料理版，非常有趣！最簡單的方法，是淋上橄欖油、灑點鹽巴，吃吧！

食用西語

是一片麵包！（形容一件事非常簡單，小蛋糕一塊。）
⇒ Ser pan comido.

餐桌不可沒麵包。（意指就像軍隊沒隊長一樣荒唐。）
⇒ Ni mesa sin pan, ni ejército sin capitán.

麵包就是麵包，酒就是酒。（有話直說，不要拐彎抹角）
⇒ Al pan, pan, y al vino, vino.

🍽 加泰隆尼亞鄉村麵包 Pan de payés

Payés 有鄉下人的意思，Pan de payés 就是鄉村麵包。第一次看到鄉村麵包是在塔拉戈納吃晚餐時，老爺爺問我：「要不要吃麵包？」當然好。本以為只有一種選擇，沒想到他端出了黑麥麵包、鄉村麵包與吐司，

1. 加泰隆尼亞區的鄉村麵包 Pan de payés ／ 2. 很像小圓餐包的麵包 Panecillo Kaiser ／ 3. 撒上可口糖粉的螺旋麵包 Ensaimada ／ 4. 棍子麵包 Barra(攝影／ Nelly Kao) ／ 5. 西班牙人的餐桌上不能沒有麵包

看得我眼花。老爺爺偷偷說他最喜歡鄉村麵包，因為鄉村麵包代表了加泰隆尼亞。鄉村麵包外殼堅硬，烤過之後的麵包內餡卻很鬆軟，吃得不亦樂乎。

🍽️ 安達魯西亞經典麵包 Mollete

在南部非常流行的 Mollete，最早起源自希伯來人在彌撒時所吃的聖餐，簡單抹上橄欖油與番茄。如今直接把 Mollete 切開，抹上美乃滋、放上乳酪與生火腿，吃法多樣化，每天吃都不無聊。

🍽️ 螺旋麵包 Ensaimada

起源自加泰隆尼亞區馬略卡島，材料有雞蛋、麵粉、糖，出爐後再撒上糖霜，看起來很像臺灣有的糖粉白麵包，加上外型很像蝸牛，圓扁很討喜。

🍽️ 橄欖油怎麼分

又稱為黃金液體的橄欖油，含有豐富的維他命 E 與抗氧化功能，市場供不應求。其中西班牙是世界第一的橄欖油生產國，產量達全球銷量 50%。建議選擇特級初榨橄欖油 (Aceite de oliva virgen extra)，它屬於第一道冷壓，是涼拌清炒都適合的最高級橄欖油。另外注意橄欖油包裝上的標誌，是否

1. 原產地名稱保護標誌／2. 特級初榨橄欖油的橄欖香氣濃，聞起來很舒服，也有人直接拿來做臉部保濕

各地麵包吃法大不同

東北部

多提供已烤過的酥脆麵包片 (Pan y tomate)，附 1 盤番茄泥，抹醬最吸引人的地方就在於它不是人工番茄醬，而是新鮮番茄加上橄欖油。

中部

在馬德里或西部的薩拉曼卡 (Salamanca) 等地用餐，店家會直接附上 1 籃麵包搭配食物享用。覺得單吃麵包有點無趣？別忘了桌上的橄欖油與鹽巴，可以提味加分。

南部

南部占西班牙橄欖油產量 7 成以上，在烤過的麵包上直接淋橄欖油就是向橄欖油致敬的最棒吃法。在市場吃早餐的爺爺奶奶們也會在麵包上抹點新鮮番茄醬，如果再來幾片生火腿，簡直是早餐天堂。

1.現烤的加泰蘭番茄麵包／2.薩拉曼卡(Salamanca)的麵包 Pan de Arapiles ／3.私心覺得南部的麵包比較鬆軟不乾柴

有原產地名稱保護標章 (Denominaciones de Origen Protegidas)，代表品質有人把關。來到西班牙，不只要吃點橄欖油，還要記得買些回家自用或當伴手禮。

下酒菜 Tapas

西班牙除了燉飯，Tapas 也是必吃的國民美食。Tapas 指的是一盤盤的下酒菜，有涼拌菜、現炸熱食，水裡游的、地上跑的大多可入菜。有此一說，過去為了防止蟲子飛入酒中，所以將小麵包蓋在酒杯上，才演變出現在的一盤菜。當地人笑稱，想看某一家酒館生意好不好，端看他們家 Tapas 味道是否能抓住大家的胃，就知道。

Tapas 分量適合 2～3 人享用，1 個人吃沒問題，只是容易被西班牙人認為「So lonely」，好寂寞的呢。

1.用 Tapas 擺滿整桌，好有辦桌的 fu ／ 2.鐵板蝦(Gambas a la plancha)

西班牙常見小菜

★ Pinchos：差一口大小。離大城市越遠的地方，Pinchos 一口分量也會變成兩口才塞得下。

★ Montaditos：切片的長棍麵包上鋪滿餡料，像艘小船，不用竹籤。

★ Tapas：吃完一家換一家。1 盤生火腿、1 碟烤蝦，大夥分著吃更開胃。

★ Raciones：分量比 Tapas 多，是 1 餐份的小菜，適合想吃飽的人。

★ Platos combinados：一大盤菜，有點像是拼盤，什麼口味都來一點，獨享或分食都適合。

1.Huevos rotos con gulas，上面很像鰻魚幼苗的魚，是被當地人稱作假小魚的魚肉加工品 Gulas(攝影／ Nelly Kao) ／ 2. 吃 Pinchos 留下竹籤是基本禮儀 (餐後用竹籤數量結帳)

🍽️ 辣醬馬鈴薯塊 Patatas bravas

馬鈴薯塊在油炸後十分鬆軟，搭配辣醬料 (Salsa brava) 一起吃，明知熱量爆表卻無法停下叉子。醬料顏色來自紅椒粉與辣椒粉，對不太吃辣的人來說可能會有一點嗆，有興趣的話，可在西班牙的超市買 Salsa brava 回家試試。

辣醬馬鈴薯塊，這菜名上說的辣醬是真的會辣，跟西班牙紅椒的煙燻甜味很不一樣

🍽️ 炸小青椒 Pimientos de padrón

有人翻譯炸青龍。標準吃法是用手捏著小青椒的蒂頭，一口咬下。皮薄多汁、沒有青椒常見的刺鼻味，裡頭的籽可以直接吃下不礙事。我特愛炸小青椒上頭撒著顆粒海鹽剛上桌的鮮甜，特殊的鹹香非常下酒，限西班牙才有喔！

第一次看見小青椒時擔心是否有苦味，吃下去煩惱煙消雲散

🍽️ 大蒜蝦 Gambas al ajillo

這道菜重點就是大蒜多多、橄欖油多多多！通常臺灣人看到這料理用這麼多油，肯定先昏倒。對怕油膩的人來說，要張口喝油似乎有心理障礙，別怕！試著先吃一口蝦，接著撕一口麵包，沾點滿滿蒜香的橄欖油，細細品嘗西班牙得天獨厚的橄欖油香。

拿大蒜蝦當 Tapas 好像有點鹹？這是下酒菜呀！

🍽️ 酥炸魷魚圈 Calamares fritos

靠海的西班牙，新鮮海產是他們的驕傲。有些店家會提供新鮮切片檸檬、美乃滋做沾醬，我則是習慣直接大口吃下兩隻、喝一口生啤酒，享受微醺時光。好吃的魷魚圈爽口不膩，跟臺灣鹹酥雞的炸魷魚相比，誰比較好吃呢？

炸魷魚圈看似簡單，好不好吃就看每一家店的油炸功力了

🍽️ 加利西亞風味章魚 Pulpo a la gallega

第一次看到這料理，紅通通的章魚腳，好像會辣？其實它一點也不辣，而且也不是熱呼呼的快炒，是一道溫熱的開胃料理。燉煮到軟嫩的章魚腳，來自北部加利西亞。切片章魚腳上淋橄欖油、紅椒粉、水煮馬鈴薯泥，視覺、味覺、嗅覺瞬間被滿足。

西班牙料理普遍不辣，如果你也不太吃辣，這兒是你另一個美食天堂

🍽️ 西班牙可樂餅 Croquetas

外觀很像漢堡排的日式可樂餅，是以馬鈴薯泥做餡；看起來像是魚丸的西班牙可樂餅，不使用馬鈴薯泥，而是以白醬做基底，再添加各種配料，例如蕈菇 (Setas)、碎生火腿 (Jamón) 等。剛炸好的可樂餅吃起來軟呼呼、燒滾滾，簡單又美味。

起源自法國的炸餅 (Croquette)，可樂餅在西班牙是家常小吃

╲╲ 玩家交流 ╱╱

💬 醃漬橄欖怎麼挑？

第一次吃到醃漬橄欖印象很糟，想說這麼鹹澀的東西怎麼有人要吃。直到我吃到合口味的醃漬橄欖，當下覺得生津止渴，酸甜香濃，才體悟到人不可貌相，橄欖味道也不能靠外觀判斷。這西班牙鹹菜大致分為青色、變色與黑色，有去核 (Deshuesadas)、填餡 (Rellenas)、也有整粒 (Enteras)，實在看得眼花撩亂。就口味來說，青色的口味清爽、果肉比較硬，我覺得黑色橄欖口感比較軟，但氣味濃烈。好吃的橄欖需要靠你勤快地試試看，沒有最好吃的橄欖，只有你愛不愛。

一排排的西班牙鹹菜——醃漬橄欖，讓人不知該從哪裡下手

食用西語

可樂餅口味有哪些？

雞肉 ⇒ Croquetas de pollo
碎火腿肉 ⇒ Jamón
蕈菇 ⇒ Setas
鮪魚 ⇒ Atún
海鮮 ⇒ Marisco

¡◎¡ 破蛋 Huevos Rotos

　　有國民美食之稱的破蛋，先鋪一層現炸馬鈴薯條（或馬鈴薯片），放上幾顆半熟荷包蛋，再淋上橄欖油就可以上桌。吃的時候，大方弄碎半熟蛋，與脆口鬆軟的馬鈴薯一起攪拌，再搭上油潤香鹹的生火腿或是臘腸，誰會想分食呢？就像朋友說的「半熟蛋誰不愛！」

破蛋在加那利群島 (Islas Canarias) 很常見（攝影／Nelly Kao）

¡◎¡ 炸小魚 Boquerones adobo

　　南部塞維亞的海鮮有名，尤其是隨處可見的香酥炸魚，不管是鳳尾魚還是鱈魚，先炸上桌再說。先醃漬過的小魚吃起來帶點檸檬香，可連帶頭尾一起吃，是補充鈣質的優質來源。

出自西班牙安達魯西亞廚師之手的的酥炸小魚

¡◎¡ 淡菜 Mejillones

　　淡菜（貽貝）在西班牙很常見，直接蒸煮或用烤的就很美味，白酒、蒜頭、橄欖油是美味的祕訣。淡菜殼好像沒什麼應用？直接拿淡菜殼作湯匙舀湯汁來喝，吸飽淡菜精華的湯汁異常鮮美。用番茄做成的茄汁淡菜 (Mejillones con salsa de tomate) 也很棒。

簡單的調味就是對新鮮海產的致意

¡◎¡ 炸茄子 Berenjenas fritas

　　西班牙的茄子圓圓胖胖，個頭不大，大概比手掌小一些。炸過的茄子條與馬鈴薯條很像，鬆軟且多汁，一口接一口，連不吃茄子的朋友都吃了好幾口。我沒想過炸茄子有一天能取代炸馬鈴薯條在我心中的地位，實在太好吃了！

1. 炸茄子條／2. 酥炸朝鮮薊 (Alcachofas Romana)

🍽 炸羊腦 Cervells a la romana

巴塞隆納友人喜孜孜地推薦這道炸羊腦，是加泰蘭獨門料理。直接油炸、不需要沾醬、更不用美乃滋，乍看很像鹽酥雞，吃起來像豆腐腦一樣的滑嫩。認真說，我不懷念羊腦的滋味，反而是吃過羊腦這件事，成為我奇特料理話題的口袋名單。

巴塞隆納餐廳不多見的炸羊腦，加泰隆尼亞阿嬤味之一

🍽 其他小菜？

有些餐廳貼心提供單人份 Tapas (Tapas para una persona)，像是縮小版 Bocadillo 的單人小吃叫做 Montaditos，是獨自一人到酒吧點菜的首選，除了不用擔心會吃太飽，當肚子還有餘力時，甚至能多點兩樣小菜吃。

在阿拉貢區吃到的特別小吃，叫做臭沙丁魚 (Sardina rancia)，加辣後非常好吃。能在不吃辣的西班牙國度吃到噴火料理，格外驚喜

Pinchos

本以為在大城市酒吧吃到的 Pinchos 已經很厲害了，直到我抵達北方的巴斯克地區 (Basque)，承認我錯了。熱愛像 Pinchos 這樣的一口料理的人，一定要找機會來趟巴斯克地區，Pinchos 不論在用料、價格、味道上，巴斯克都「勝」！

跟 Tapas 一樣，Pinchos(巴斯克語：Pintxos) 也是酒吧常見的小菜，是源自巴斯克地區受歡迎的飲食文化。在麵包之上加醃橄欖、鯷魚、生火腿、炒蘑菇，或乾脆放上乳酪與堅果，有如食材魔術師般端出一份份個人專屬小點心，一整排看起來就像串燒大集合。

1. 在北方吃 Pinchos，最過癮的莫過於餡料比麵包多太多／2. 巴斯克地區的 Pinchos，保證吃了會懷念

⫻ 玩家交流 ⫻

💬 在 Pinchos 酒吧怎麼點餐？

用力擠進酒吧，想辦法到吧台旁「站」一個座位。如果想吃套餐，請服務人員幫你張羅個桌子。只想喝飲料配點心的話，絕對是站吧台。站穩之後直接向店員點餐，如果站在 Pinchos 櫃子前出現選擇障礙，服務人員會很熱心地推薦他自己愛吃的口味。

〚 店鋪情報 〛

西班牙遍地都是美食，人氣店鋪不一定在大馬路上，行前做點功課，按圖索驥遇見的美味，替旅行添增不一樣的味蕾記憶。

Romesco
感受西班牙式的
熱情與友善

小酒館

1980 年代裝潢，老巴塞隆納小酒館，店不大，裝潢簡單，生意很好，觀光客不多。套句當地人說的，來這裡吃飯就像拜訪老朋友。還記得用餐當天，整個餐廳中最年輕的客人大概就我們這桌了，俏皮的服務生還偷偷說了一句：「Bienvenido a España.」（歡迎來到西班牙。）

DATA ∙∙∙∙∙∙∙∙∙∙∙∙∙∙∙∙∙∙∙∙∙∙∙∙∙∙∙∙∙

✉ Carrer de Sant Pau, 28, 08001 Barcelona
☎ 933 189 381　🕐 週一～五 13:00～23:30，週六 13:30～16:30、20:00～23:30　休 週日
➡ Liceu 捷運外沿著 Carrer de Sant Pau 往西南方走，約 1 分鐘　💲 約 €3 起　MAP P.050

Romesco 是家在地人吃的小酒館

Maitea Taberna
會走秀的 Pinchos，
沒時間去北方逛逛務必來 Maitea

小酒館

來自北方的美食之都聖塞巴斯提安 (San Sebastián)，提供超過百種酒吧小食，例如北方特有的蘋果酒 (Cidra)、白酒 (Txakoli)，甚至來自 Rioja 與 Navarra 的葡萄酒，通通都有。主打正統巴斯克料理，點心種類多到讓我眼花。晚餐時間的「小菜桌邊詢問」很有意思，像港式飲茶的推車，服務人員會端著 Pinchos 繞桌詢問是不是要來一點剛出爐的小菜。想吃熱的 Pinchos，勢必得用點餐方式，現點現做才能熱呼呼上桌。如果是涼拌 Pinchos，直接大方走到吧台拿起餐盤跟夾子，自助捕獵你眼中的美味。

DATA ∙∙∙∙∙∙∙∙∙∙∙∙∙∙∙∙∙∙∙∙∙∙∙∙∙∙∙∙∙

✉ Carrer de Casanova, 155, 08036 Barcelona
☎ 934 395 107　🕐 週一～五 11:00～00:00，週六 12:00～00:00　休 週日　➡ 從 Hospital Clínic 捷運站 (L5) 走 Carrer Comte d'Urgel，右轉 Carrer de Córsega，左轉 Carrer de Casanova，約 6 分鐘
💲 約 €3.5 起　MAP P.065

1. 巴塞隆納 Maitea 店門／2. 香甜朝鮮薊淋上 Romesco 醬料

Víctor Montes

我迷失在這裡的 Pinchos 森林

La Estafeta

喝過就回不去的現拉生啤酒與小菜

第一次踏進來就被琳瑯滿目的創意 Pinchos 給收服，各種想像不到的食材搭配，譜出全新滋味，美感與美味的雙重奏，熱鬧卻不吵雜的氣氛，享受與在地食材的對話。我不是為了喝酒而來，是為了這些下酒菜！尤其是搭配番茄或橄欖等其他食材大放異彩的醃漬鯷魚 (Anchoas)，務必嘗試，它可是地中海料理的提鮮祕訣喔！

Víctor Montes 酒吧所在位置的前身是傳統市場，店內小菜「Txangurro」，是用西班牙北部特產蜘蛛蟹肉 (Centollo)、番茄與大蒜等爐烤而成，也是巴斯克地區的獨門小吃。

DATA ••••••••••••••••••••••••••

http www.victormontes.com

✉ Plaza Nueva, 8, 48005, Bilbao

☎ 944 157 067 🕐 週一～五 10:00 ～ 00:00，週末 10:30 ～ 00.00 ➡ 從 Zazpi Kaleak 捷運站沿著 Askao Kalea 往南走，步行 2 分鐘 💲 約 €1.5 起

1.Pinchos 帶給我的視覺饗宴，還沒吃就先餓／ **2.** 鱈魚球 (Buñuelo de bacalao)

La Estafeta 的 Pinchos 體型龐大，我分成 3 口才吃得完。店員親切有耐心，讓我對潘普洛納 (Pamplona) 這座北方城市的印象再加分。最重要的是在這裡喝到讓我驚豔的生啤酒，店員熟練地清洗玻璃杯，專業地將玻璃杯傾斜 45 度角、恰到好處的泡沫厚度，忍不住就續杯了（不是所有酒吧的人都這麼敬業啊）！不論喝酒或吃小菜，La Estafeta 在我心中就是天堂。

DATA ••••••••••••••••••••••••••

✉ Calle de la Estafeta, 54, 31001 Pamplona, Navarra ☎ 659 394 040

🕐 每日 11:00 ～ 01:00 ➡ 從潘普洛納鬥牛場 (Plaza de Toros de Pamplona)，沿著 Calle de la Estafeta 步行約 2 分鐘 💲 約 €1 起

1. 潘普洛納最吸引我的元素之一就是 Pinchos ／ **2.** 拿著酒在路上邊喝邊聊天，西班牙日常

伊比利豬與火腿

Jamón de Teruel 來自受法定保護的火腿產區,非常有名

世界級的美味豬火腿

西班牙有一種豬的價位特別貴,與常見白豬價差可達 5 倍,就是伊比利豬。血緣近似野豬,飼料與一般圈養豬不同,吃橄欖、香草和橡果實,以吃得好、睡得飽又自在的飼養方式成長。因脂肪營養價值與風味口感、數量有限、品種把關等因素,而有西班牙國寶豬的封號。

伊比利豬製成的火腿有世界三大腿之一的美名,根據飼養方式分等級,單純吃橡樹果實且品種純正黑豬的黑標 (Bellota 100% ibérico) 最為高級,再根據血統、飼料比例等區分紅標 (Bellota ibérico)、綠標 (Cebo de campo ibérico) 與白標 (Cebo ibérico)。

物以稀為貴,伊比利豬數量有限,那些不是用伊比利豬做成的火腿通稱 Jamón Serrano,例如我最喜歡的 Jamón de Teruel 就屬於 Jamón Serrano。

生火腿哪裡買?

除了火腿專賣店,傳統市場、超級市場多有販售,亦有真空切片包裝。我習慣在專賣店或是傳統市場買,再請店員現切,請服務人員用機器刨的火腿價格比人工便宜一些;趁新鮮快快吃,是品嘗生火腿的最佳方式。

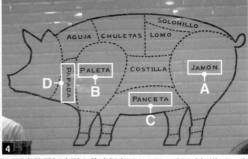

1. 在西班牙有專門的火腿侍肉師,是專業也是文化/ 2. 火腿是否最貴的最好吃呢?美味程度因人而異,吃過才知道/ 3. 生火腿創意 Pinchos / 4. 豬肉部位西班牙文對照(A.Jamón 後腿、B.Paleta 前腿、C.Panceta 豬五花、D.Papada 下巴)

西班牙的肉腸江山

（問）「歐洲人愛吃豬嗎？」

（答）「歐盟豬隻數量遠遠超過牛。」

（問）「西班牙的豬隻多嗎？」

（答）「歐盟有 40% 的豬集中在西班牙及德國，又以盛產黑毛豬的西班牙居榜首。」

沒吃過混蛋佐肉腸 (Huevos rotos con chistorra) 等於沒來過北方

　　西班牙人對豬肉的熱愛，是從早餐到宵夜都來一點也無妨的，其中也包括肉腸。肉腸風味與作法因地制宜，隔了個自治區就像換了個國家一樣，需要重新認識。加泰隆尼亞地區的 Secallona 是用瘦肉加上胡椒，經過煙燻，風乾數日後製成。瓦倫西亞白腸 Blanquet 則是用瘦肉、雞蛋，再添加香料丁香或松子。中部的 Salchichas 屬新鮮香腸，現烤非常美味；而常見的 Chorizo 則是瘦肉與脂肪比例 4：6；Salchichón 的肥肉比例須超過 65% 才算數，其他常見的肉腸種類還有 Longaniza 與 Sobrasada。燒烤油煎後的肉腸，我認為比生吃美味！

1.2. 在市集常見的香腸就屬 Chorizo 與 Salchichón。名稱後面加上 Ibérico 代表來自伊比利豬肉喔！／ 3. 外表看似發霉的白色粉末是保護肉腸不腐敗的真菌，可一起下肚／ 4. 超市的小包裝分量適合大膽嘗試／ 5. 臺灣有豬血糕，西班牙有黑血腸 (Morcilla)，血腸跟燉麵是好朋友，圖為加泰隆尼亞血腸燉麵 (Fideus a la Catalana)

Chapter 5

西班牙 料理之外

亞洲風味、美式速食、蔬食料理大集合

在西班牙也吃得到亞洲料理嗎?可以!中式快炒、韓國料理、泰國菜、速食快餐在這裡可是很夯的!蔬食者在西班牙怎麼吃?放心,地中海飲食多蔬菜,不只有使用朝鮮薊、蕈菇做成的 Tapas,大多數泰國餐廳與印度餐館亦提供素食餐點。以下介紹,讓你在旅途中,也能吃到美味的異國口味與蔬食料理。

異國美食選項

— MENU —

韓式料理
Comida Coreana

泰式料理
Comida Thai

印度料理
Comida India

中式料理
Coimda China

日式料理
Comida Japonesa

美式速食
Comida Rápida

1. 巴塞隆納蘭布拉大道上,臺灣人開的臺灣味「ZenZoo 珍珠奶茶」,甜度與冰塊都可以調整,還可外借洗手間／2. 西班牙菜市場也有壽司攤

〖 異國美食店鋪情報 〗

Little Corea 韓式料理
石鍋拌飯輕鬆吃

　　定居在巴塞隆納數年的韓國老闆娘，遠離繁忙家鄉首爾，選擇留在巴塞隆納奮鬥。舒適的環境與親切的服務，不只吸引思鄉的韓國留學生上門聚餐，當地人也被辣泡菜 (Kimchi) 給征服。餐點分量適合兩人以上共食，推薦韓式拌飯 (Dolsot blbimbap)。

DATA ●●●●●●●●●●●●●●●●●●●●

✉ Carrer de Villarroel, 107, 08011 Barcelona
☎ 646 609 562　🕐 週一 08:00 ～ 12:00 週二～六 13:00 ～ 16:00、20:00 ～ 00:00　休 週日
➡ 出 Urgell 捷運出站，沿著 Gran Via de les Corts Catalanes 東北方走，向 Carrer de Villarroel 前進，右轉 Carrer de Villarroel，約 5 分鐘　$ 平均每人約 €10 起　MAP P.065

1.Little Corea 店門／ 2. 韓式炸雞 (Alas de pollo) 上桌，分量不少

Swagatam 印度料理
小小店鋪人氣高，
烤餅與印度燉飯非常正統

　　現場播放著印度歌舞音樂，店家選用藍光當主色調，有種酒廊的感覺。現煮香料奶茶 (Té masala)，味道彷彿之前在南印度街邊喝到的現沖奶茶。店員推薦香辣燉飯 (Biryani)，米飯配上綜合香料，連當地人都吃得津津有味，看來辣度對不吃辣的西班牙人來說，不足以構成美食的藩籬。座位有限，建議預約。

DATA ●●●●●●●●●●●●●●●●●●●●

✉ Carrer de Sant Agustí, 10, 08012 Barcelona
☎ 932 228 226
🕐 每日 12:00 ～ 16:00、19:00 ～ 23:00
➡ Diagonal 捷運站（L3 或 L5），往北邊前進，右轉 Plaça del Cinc d'Oros，再右轉 Carrer de Córsega，遇到 Carrer de Sant Agustí 左轉，約 4 分鐘
$ 平均每人約 €10 起　MAP P.061

1. 香辣燉飯看起來分量不多，但是 3 人分食恰恰好／ 2. 奶油烤餅 (Naan) 非常好吃

Woking

貼心中文服務，
從日式到泰式，不一樣的大鍋快炒

新興竄起的亞洲風味快餐，結合中式與日式料理，請謹記以下點餐方式：選定分量、主食(烏龍麵、米飯等)、選擇配料、醬汁(照燒、泰式咖哩、蒜味胡椒、甜辣醬等)。外帶內用皆可，有中文服務員。每當我想念香味十足的臺式快炒時，都會來 Woking 打牙祭。不想用叉子吃飯的話，可跟店員索取筷子 (Palillos) 或是湯匙 (Cuchara)。

DATA

✉ Carrer de Muntaner, 16, 08011 Barcelona
📞 937 504 153　🕐 每日 12:00 ～ 23:45
➡ Universitat 捷運站 (L1 或 L2)，沿著 Gran Via de les Corts Catalanes 往西邊走，左轉 Carrer de Muntaner，就在巷口，約 2 分鐘
💲 炒飯約 €3.85 起　MAP P.050

1.Woking 店門／2. 兼賣炒飯 (Arroz frito)、日式煎餃 (Gyoza Japones)、烤鴨 (Pato frito)、壽司 (Sushi) 的店

els Pollos

「我們的烤雞配方很棒！」
負責監督烤爐的廚師爺爺這麼說

以特選綜合香料加上新鮮蘋果進行祕製醃漬，烘烤時再刷上橄欖油與白酒，吸飽了白酒精華的雞肉，香氣濃厚，稱為「吮指雞」當之無愧。除了來這邊吃雞，還有橄欖油烤菜 (Escalivada)、肉麵卷 (Canelones) 以及巧克力甜點 (Pan con aceite y chocolate) 等特色點心。els Pollos 除了城堡公園店以外，在聖家堂旁亦有分店。

DATA

🌐 www.elspollos.com　✉ Zona Vila Olímpica C/ Ramon Turró, 13, 08005 Barcelona
📞 932 213 206　🕐 每日 12:00 ～ 23:00
➡ Wellington 輕軌站外，走 Carrer de Wellington，左轉 Carrer de Ramon Turró，約 3 分鐘
💲 半隻烤雞約 €6.5 起　MAP P.044

1.els Pollos 店門／2. 烤半雞 (1/2 Pollastre)

KFC

吃一頓有西班牙味的肯德基炸雞餐

入境隨俗是全球連鎖肯德基特色之一，西班牙門市菜單上就有國民小吃 Tapas「雞肉可樂餅」(Croquetes de pollastre)，受到拉丁美洲與當地人喜愛，生意非常好。與麥當勞自助點餐機不同，在肯德基點餐，需要與店員進行西班牙語正面交手；而西班牙的速食價位比美國的速食消費高，並非省錢的途徑喔。

DATA

🌐 kfc.es ✉ Carrer de Fontanella, 16, 08010 Barcelona 📞 933 042 104 🕐 每日 12:00 ～ 00:00 ➡ 從加泰隆尼亞廣場出發，沿著 Carrer de Fontanella 往東走，步行 3 分鐘 💲 套餐約 €3.5 起 🗺 P.065

1. 巴塞隆納加泰隆尼亞廣場附近的 KFC 店門／ 2. 肯德基炸雞

Patong Thai

蔬食者也能安心享用

位在馬德里市中心，靠近太陽門 (Puerta del Sol)，餐廳氣氛跟環境很好。想來點辣口又不死鹹的熱食，Patong Thai 很不錯。另提供兒童與蔬食者菜單，綠咖哩雞 (Pollo al curry verde) 很好吃，打拋豬肉 (Plate cerdo) 的賣相很有西班牙味。

DATA

✉ Calle de la Cruz, 7, 28012 Madrid 📞 911 882 736 🕐 每日 12:00 ～ 16:00、20:00 ～ 00:00 ➡ Sol 捷運站往東走 Plaza Puerta del Sol，走 Carrera de S. Jerónimo 右轉 Calle de la Victoria，遇到 Calle Pozo 左轉，再右轉 Calle de l Cruz，約 3 分鐘 💲 平均每人約 €10 起

1.Patong Thai 店門／ 2. 打拋豬用的不是絞肉，而是肉絲

〖 蔬食者怎麼吃 〗

吃素在亞洲地區相當普遍，素食又可分不同類型，例如全素、蛋奶素、五辛素等。那麼，看起來無肉不歡的西班牙料理，對素食者友善嗎？是的！近年動物保護議題崛起，不吃奶、蛋、魚、肉，與不使用任何含有動物成分的純素主義者 (Vegan) 逐漸增加，因此西班牙的城市也多有全素餐廳，尤其是巴塞隆納。

有趣的是，西班牙曾實行過全國吃肉的命令。1939 年內戰結束，取得政權但疑心病很重的佛朗哥將軍，認為吃素者多為實行共產主義的激進分子，為了打壓潛在反叛軍，因此下令全國禁止吃素，直到他過世才解禁。好在，現在吃素已經是個人自由了！

蔬食者點餐小撇步

❶ 踏進餐廳前，先留意門口的黑板是否註明 Vegano、Vegetarian 等字樣。

❷ 如果是酒吧，留意透明櫥窗或是吧檯上的小菜有無肉類、火腿或海鮮。

❸ 炸過的可樂餅看起來顏色幾乎都是焦黃色，內餡是否有葷食，可提前詢問店家。

❹ 西班牙的蔬食與華人的素食概念不全然相同，蔥、蒜、薑等辛香料在當地都屬於素食範圍，不吃這些辛香料的朋友，點餐之前記得向餐廳確認 (見 P.168)。

1. 綜合醃漬橄欖裡的透明小球，是小洋蔥 (Cebollitas) ／ 2. 看起來很像釋迦親戚的朝鮮薊 (Alcachofa)，是地中海沿岸的常見蔬菜。片狀葉帶刺，只吃柔軟的薊心部位 (攝影／鐵鞋女孩) ／ 3. 供應新鮮蔬果的沙拉吧，左下第二籃是常見的沙拉配菜──黃瓜 (Pepino) ／ 4. 藜麥沙拉 (Ensalada quinoa)，內有酪梨 (Aguacate) 與乳酪 (Queso)

〖 蔬食料理店鋪情報 〗

Teresa Carles
廣受歡迎的蔬食創意料理

Teresa Carles 隱身舊城區，餐廳裝潢的質感很高級。本以為門可羅雀，出乎意料地，平日晚餐時段照樣高朋滿座。

店家致力推廣好吃的健康蔬食，從冷壓蔬果汁、前菜、主餐、Tapas 到甜點，開幕至今已經有 40 年以上的歷史，從他們用心製作的餐點，你會感受蔬食飲食也能吃出許多樂趣。

DATA ••••••••••••••••••••••••••

`http` teresacarles.com
✉ Carrer de Jovellanos, 2, 08001 Barcelona
📞 933 171 829　🕐 每日 09:00 ～ 23:30
➡ 出 Universitat 捷運站 (L1 或 L2)，往東南方沿著 Plaça de la Universitat 走，右轉 Carrer de Pelai，再右轉 Carrer de Jovellanos，約 5 分鐘
💲 約 €10 起　MAP P.050

1.Teresa Carles 門口／ 2. 沒有雞蛋與鮮奶油，也能做出美味甜點／ 3. 冷壓蔬果汁 Forever Young

Sésamo
既有個性又很國際化

巴塞隆納拉巴爾區無人不知的蔬食酒吧，氣氛輕鬆，活潑的服務人員表現十分國際化，聊足球、天氣、特色料理樣樣來，讓人耳目一新。甜菜根冷湯、烤花椰菜、羊乳酪沙拉 (Ensalada con queso de cabra gratinado) 是人氣料理。店家只收現金。

DATA ••••••••••••••••••••••••••

✉ Carrer de Sant Antoni Abat, 52, 08001 Barcelona
📞 934 416 411　🕐 每日 09:00 ～ 00:00　➡ Sant Antoni 捷運 (L2) 出站，往南方走，左轉 Carrer de Sant Antoni Abat，約 2 分鐘　💲 約 €3 起　MAP P.050

1.Sésamo 小酒館，外觀可愛／ 2. Sésamo 除了啤酒，也有果汁與通寧水

食用西語

速食餐點

雞柳條⇒ Tiras de pechuga ｜雞塊（腿塊、雞翅、雞胸等）⇒ Piezas de pollo

辣雞翅⇒ Alitas picantes ｜球狀雞胸⇒ Rocks ｜雞肉捲餅⇒ Twister

雞肉方餅⇒ Boxmaster ｜馬鈴薯泥⇒ Puré ｜炸薯塊⇒ Bucket patatas rustic

速食店店員可能會說的話

這裡點餐。⇒ Pide aquí. ｜這裡取餐。⇒ Recoge aquí.

內用還是外帶？⇒ ¿Para comer aquí, para llevar?

無麩質嗎？⇒ ¿Sin gluten?

你的名字是？（店員詢問，方便稍後喊名取餐）⇒ ¿Tú nombre?

蔬食 Tapas

西班牙蛋餅（有些地區會加入火腿與洋蔥）⇒ Tortilla

蕈菇可樂餅⇒ Croquetas de setas ｜辣醬馬鈴薯⇒ Patatas bravas

酥炸乳酪球⇒ Buñuelos de queso ｜橄欖⇒ Aceitunas

蒜味蘑菇⇒ Champiñones al ajillo ｜蒜味朝鮮薊⇒ Alcachofas al ajillo

烤椒⇒ Pimientos asados ｜番茄麵包⇒ Pan con tomate

蜂蜜佐炸茄子⇒ Berenjena con miel

綜合蔬菜（通常有洋蔥、櫛瓜與雞蛋）⇒ Zarangollo

我是素食者（-o 結尾爲男性用、-a 結尾爲女性用）
⇒ Soy vegetariano／vegetariana.

我要蔬菜與乳酪三明治。
⇒ Yo quiero un sandwich de queso y verduras.

這道菜的成分有什麼？⇒ ¿Cuáles son les ingredientes en este plato?

這道湯含有肉類嗎？⇒ ¿El caldo lleva carne?

我不吃海鮮／肉／魚／肉與魚／雞蛋／乳酪。
⇒ No como marisco／carne／pescado／carne y pescado／huevos／queso.

我對花生／大蒜／洋蔥／韭菜／蔥／興渠過敏。
⇒ Tengo alérgia a cacahuetes／garlic／cebolla／cebollana／cebollino／
asaftida.

老蝦的旅行食譜

地中海飲食被公認對身體有益，美味也是無庸置疑。這種攝取適量蛋白質、橄欖油、魚貝類、穀類、新鮮蔬果的飲食習慣，再加上攝取足夠水分與適量飲酒、常保愉快心情，是又菸又酒的西班牙人長壽祕訣之一。有機會的話，不妨自炊挑戰西班牙料理，食材準備也很容易，務必試試看！

1. 旅館的共用廚房／2. 用菠菜、雞蛋、乳酪做歐姆蛋／3. 自炊樂趣多！蔬菜燉飯、燉香腸番茄、馬鈴薯蛋餅與乾煎番茄

馬鈴薯蛋餅 Tortilla de patatas

冷著吃、熱著吃都美味的馬鈴薯蛋餅，心血來潮加點火腿、培根、洋蔥，展現新風味，再加上雞蛋，真是完美搭配。想做出西班牙式的蛋餅，高度得要達 2 公分厚才算喔！

用不沾鍋，即可做出馬鈴薯蛋餅

材料（2 人份）
- 馬鈴薯：1 顆（約手掌大）
- 雞蛋：4 顆
- 鹽巴：適量
- 特級初榨橄欖油：適量

作法
❶ 將馬鈴薯去皮、切薄片，蒸熟，備用。
❷ 將雞蛋打散，一旁備用。
❸ 熱油鍋，下雞蛋與蒸熟的馬鈴薯片。
❹ 等候蛋餅定型，待蛋液凝固、邊緣略焦時，就可以準備倒扣。
❺ 倒扣起鍋，加點鹽巴、黑胡椒調味即可。

★蛋餅沒有成功高於 2 公分也不要緊，好吃比較重要。
★西班牙友人說，大量的油是讓馬鈴薯鬆軟的祕訣；我選擇電鍋蒸熟再下去煎。

巴塞隆納燉飯 Arroz barcelonés

在瓦倫西亞中央市場外，腦波很弱的買了一口西班牙大耳燉飯鍋。該鍋的特色就是寬口淺鍋，如果手邊恰好沒有，平底鍋或鑄鐵鍋也可用。畢竟這是一道生米煮成熟飯的料理，淺口鍋受熱快，米熟得也快。

材料（2 人份）

熟番茄：2 顆	大蒜：3 瓣
洋蔥：1/2 顆	高湯：2 杯（量米杯）
米：1 杯	鹽、黑胡椒：適量
鮮蝦：2 隻	特級初榨橄欖油：適量

作法

❶ 沸水煮番茄，確認熟透撈起，去皮後搗碎。

❷ 將洋蔥、大蒜切成丁。

❸ 熱平底鍋，加少許橄欖油。

❹ 放入剛切碎的洋蔥拌炒，加大蒜丁、番茄泥烹煮 10 分鐘。

❺ 加入洗好的生米，略炒半生熟，倒入 2 杯高湯，中火煮 15 分鐘左右。

❻ 半熟時加入蝦，加蓋煮 5 分鐘。

❼ 起鍋之前調味，確認米飯是否煮到適合的硬度。

★西班牙人用 Bomba 米煮燉飯，這種圓米在吸收高湯後，米粒仍飽滿不易碎。在臺灣若找不到 Bomba，用臺灣的米也可以。

★西班牙人是不洗米的，關於這一點，還是遵照各自腸胃的習慣就好。

巴塞隆納燉飯傳遞出西班牙的料理風格：調味不求繁雜，力求食材原味

西班牙大蒜蝦 Gambas al ajillo

這道料理在西班牙酒館裡算是單價較高的 Tapas，而且橄欖油的用量遠超出臺灣人對油的想像。自炊時可以調整橄欖油用量，以合乎個人口味；我用辣椒先爆香，增加風味。

材料（2 人份）

白蝦：10 隻

大蒜：4 瓣

特級初榨橄欖油：適量

鹽：適量

辣椒：酌量（一般西班牙人煮菜不會加辣椒）

作法

❶ 處理鮮蝦去頭、去腸泥。

❷ 蒜頭切成蒜末備用。

❸ 熱平底鍋，加少許橄欖油。

❹ 有辣椒的話先加辣椒，辣味飄出來之後，再下蒜頭。

❺ 用廚房紙巾將蝦仁的水漬擦乾，下鍋翻炒。

❻ 起鍋前灑鹽調味，開動。

1. 西班牙大蒜蝦沒有標準食譜，辣椒、巴西里香料都可自由添加／2. 橄欖油香氣襯托出蝦子的甜味，好吃！

Chapter 6
市場與伴手禮

回家前就是要逛要買！

想知道當地人吃些什麼，就要從「城市的胃」來端倪一二。不只如此，菜市場、市集與超市，都是挑選伴手禮、特色零食的好地方。採購的時候，你會驚覺：「在西班牙的時間好像太短了，下次一定要再來！」

〖 傳統市場與市集 〗

「你從哪裡來？」「臺灣。」
「你喜歡西班牙嗎？」「喜歡啊！」
「切片乳酪給你試吃。」「我要買一小塊。」
「幫你切片，這樣你回去就不用再切了。」

傳統市場無疑是我最懷念的西班牙景點之一。除了大型觀光市場，想用英語向市場攤販溝通不容易，這時拿出你的肢體語言，再搭配網路翻譯工具，應該就能逛得開心又如意。市場裡的多元化食材反映出西班牙衝突又融合的歷史。羅馬人、希臘人帶來了葡萄、橄欖；環海優勢促成了漁獲保存技術的精進（鹽漬鱈魚 Bacalao salado 正是羅馬時代傳承下來的醃漬方法）。摩爾人帶來了稻米、香料肉桂與橘子；現在南部的餐桌仍可看見米飯料理、小茴香麵包等阿拉伯飲食的影子。此外，冒險家司倫布從美洲新大陸帶回的馬鈴薯與番茄，儼然已成為餐桌上不可或缺的重要元素。

1. 薩拉戈薩 (Zaragoza) 中央市場建築／**2.** 市場也是買乾貨、堅果與香料的好地方

〚 市場與市集情報 〛

巴塞隆納擁有超過 40 處以上的菜市場！除了拉巴爾區的波格利亞市場，舊城區的凱瑟琳娜市場、擴建區的聖安東尼市場，也躋身近年觀光客口袋名單。不只是菜市場，市集也是城市的美麗風景。把握週末上街走走，感受市集傳遞的生命力。

藝術與農產市集
MOSTRA D'ART y Fira Artesana
充滿氣質的集散地

週末上午在松樹廣場 (Plaça del Pi)，有藝術家們固定在這兒擺設自己的畫作，若對藝術品有興趣，可以到此看看有沒有喜歡的作品，替家裡的牆上增添新鮮感！同個地點在每個月第一個週五和週六有農產市集 (Fira Artesana)，規模不大，能找到蜂蜜、果醬等農產品，是與農家近距離接觸的好機會。

DATA ••••••••••••••••••••••••••••••

http www.pintorspibarcelona.com
✉ Plaça del Pi, Barcelona ● 藝術市集：每週六
11:00 ～ 20:00，週日 11:00 ～ 14:00。農產市集：
每月第一個週五、六 10:00 ～ 21:00
➡ Liceu 捷運站 (L3) 沿著 Pla de la Boqueria 往東
北方走，約 3 分鐘 MAP P.039

老爺爺正在介紹畫作

聖安東尼市場
Mercat de Sant Antoni
古蹟裡的市場，線上下單即可送貨到府

坐落在輕鬆舒適的住宅區，在翻修過後成為熱門景點。現代主義風格，設計為十字形狀的市場，走起來有迷宮感。超過 235 個攤位進駐，地下室與超級市場共構，不只是生鮮食品，連服飾、書籍等也都買得到，累了還可以在咖啡廳吃點心兼休息。

DATA ••••••••••••••••••••••••••••••

http www.mercatdesantantoni.com
✉ Carrer del Comte Urgell, 1 08011, Barcelona
☎ 934 263 521 ● 週一～六 08:00 ～ 20:00
休 週日 ➡ Sant Antoni 捷運站 (L2) 出站就是
MAP P.050

1. 百年古蹟聖安東尼市場，費時 9 年翻修，現已重新開放／2. 逛累了嗎？休息一下吧！三明治加 1 杯酒只要 €3

凱瑟琳娜市場
Mercat de Santa Caterina
求新求變，這兒的屋頂很不一樣

當觀光客都擠在波格利亞市場時，我更喜歡待在這裡買東西。改建過的波浪型屋頂討人喜愛，選用玻璃與木材打造，是為了重現過去巴塞隆納街頭的活潑色調。內部走廊以不規則設計，方便購買，風格溫馨，並會安排市場調查，力求蛻變，名氣毫不輸給巴塞隆納第一大市場波格利亞，老蝦最愛市場之一。

DATA ••••••••••••••••••••••••••

http www.mercatsantacaterina.com ✉ Av. de Francesc Cambó, 16, 08003 Barcelona ☎ 933 195 740 🕐 週一、三、六 07:30～15:30，週二、四、五 07:30～20:30 休 週日 ➡ Jaume I 捷運站出來沿著 Via Laietana 往西北方走，右轉 Av. de Francesc Cambó，步行約 6 分鐘 MAP P.039、044

1. 波浪型屋頂的凱瑟琳娜市場／2. 秋季的番茄種類可真不少！少了觀光味，多了人情感，採買的心情都變好了

舊貨市場
Mercat Fira de Bellcaire Els Encants
歐洲最古老的二手市場之一

最大的特色是會反射的鏡面大屋頂！不只是賣二手貨，還有新玩具、書、衣服、生活用品等，想挖寶搶便宜的人可以來試手氣。因為我的行李實在裝不下了，邊逛還要邊提醒自己不可大買特買。

DATA ••••••••••••••••••••••••••

http www.encantsbcn.com/es ✉ Carrer de los Castillejos, 158, 08013 Barcelona ☎ 932 463 030 🕐 週一、三、五、六 09:00～20:00 休 週二、四、日 ➡ Glòries 捷運站外就是 MAP P.031

1. 市集外觀就像個大型鏡子倒掛在天上，十分搶眼／2. 各種想像得到的物品，在舊貨市場都有重生機會

逛市場心法

❶ 想知道市場觀光化的程度，除了看人潮量，攤販是否說英文也是指標。

❷ 逛市場的好處不只是購物，也能順便品嘗酒吧的熟食小吃。

❸ 乳酪、生火腿、新鮮香料等品項可在市場購買。請攤販推薦，亦可以請攤販切片或去骨處理。

❹ 看到架上擺放整齊的蔬菜水果，可以拿出相機詢問能不能拍照，切記不要伸手觸摸。需要哪種水果、蔬菜，請用手指示意，老闆會替你服務。

❺ 菜市場常規：週日休市。由於漁夫也是週日停工，故週一魚攤基本上也不營業。海鮮肉類攤位大多在中午後休息，部分蔬果攤的營業時間會比較長。

❻ 一分錢一分貨，貨比三家不吃虧。

❼ 尋找西班牙各地傳統市場：http www.spain.info/en/consultas/gastronomia/mercados.html

★請注意：由非歐盟國家入境西班牙，以及從西班牙出境前往非歐盟國家，禁止攜帶新鮮蔬果、肉類、海鮮、未檢疫的動植物。返國入境臺灣，也請勿攜帶新鮮或醃漬肉品、蔬菜水果，以免受罰。

1. 搞不清楚怎麼料理，問魚販就對了／2. 在市場拍照通常沒問題，動手摸蔬果可萬萬不行／3. 除了無花果乾，新鮮無花果也是一堆堆在賣／4. 西班牙也產芒果（當然還是略遜臺灣芒果一籌）

西班牙減塑生活

　　自備環保袋在西班牙購物，可以讓你省多多。西班牙政府自 2018 年起禁止所有商家提供免費一次性塑膠袋，除特定衛生原因需要使用薄料塑膠袋外，其他用途的塑膠袋皆需付費購買（適用地點包含超級市場、書店，甚至傳統市場），例如在書店加購塑膠袋，需要加價 €0.3 ～ 0.8 不等。目前，部分商店仍提供免費紙袋，或是油紙袋讓客人打包帶回家。

西班牙水果產季

月分	水果種類
3 ～ 4 月	柳橙 (Naranja)、葡萄柚 (Pomelo)、鳳梨 (Piña)、萊姆 (Lima)、奇異果 (Kiwi) 等
5 ～ 8 月	蟠桃 (Paraguayo)、芒果 (Mango)、無花果 (Higo)、櫻桃 (Cerezas)、桃子 (Melocotón)、油桃 (Nectarinas)、番茄 (Tomate)、哈密瓜 (Melón)、西瓜 (Sandía)、杏 (Albaricoque) 等
9 ～ 11 月	油桃 (Nectarinas)、李子 (Ciruelas)、葡萄 (Uva)、紅石榴 (Granada)、柿子 (Caqui)、柳橙 (Naranja)、榲桲 (Membrillo) 等
12 ～ 2 月	橘子 (Mandarin)、柳橙 (Naranja)、草莓 (Fresa)、柿子 (Caqui) 等

（製表／老蝦）

★草莓：逢產季的草莓 1 盒 500 克不到 €2，剖面略白但是風味不減。

★蟠桃：神話中土母娘娘蟠桃盛會裡面的蟠桃。西班牙蟠桃多汁香甜，放個 2 天熟成再吃，滋味不輸給水蜜桃。便宜時 1 公斤 €1 有找。

★榲桲：如果在自助早餐店發現看起來像是褐色羊羹的塊狀點心，那是榲桲。甜度適合搭配乳酪或是鯷魚，常用於開胃菜。

1. 柳橙幾乎一年四季都吃得到／2. 挑對季節吃蟠桃，連水蜜桃也遜色了

在菜市場買乳酪
多以紙袋包裝

西班牙乳酪

越臭越好吃？

第一次在巴塞隆納吃到西班牙乳酪 Manchego 時，一股氣味直衝腦門，那不是 10 塊臭豆腐就能匹敵的味道，乳酪的餘韻停在口腔許久，是一種前所未有的味蕾新衝擊。直到我開始懂得挑乳酪，才發現這是一門學問！

羊奶是主角

怎麼西班牙乳酪跟在臺灣吃到的乳酪片不一樣？仔細一看，Manchego 的乳源是羊奶，莫非這就是氣味的關鍵？許多美食的成功多來自偶然。為求攜帶方便，牧人選用動物胃袋裝奶，歷經時間發酵，打開一看發現，怎麼變成塊狀乳酪，而且還很好吃！發酵不僅能延長保存期，滋味還很特別。

西班牙不愧是乳酪大國，種類多樣，以乳源分做乳牛 (Vaca) 乳酪、山羊 (Cabra) 乳酪、綿羊 (Oveja) 乳酪、混合牛羊奶的乳酪等。曾在乳酪攤詢問老闆娘：「乳酪該怎麼吃？」老闆娘回了一個非常「西班牙」的說法：「好的乳酪，直接吃最好！」完全呼應西班牙的一句諺語「美味的東西，直接吃就好」。

乳酪也有一套國家認證，分為「原產地名稱保護」（簡稱 DOP) 與「地理標示保護」（簡稱 IGP)，例如 Manchego、Tetilla 與 Cabrales 乳酪都受到 DOP 保護。跟選擇葡萄酒一樣，找到自己喜歡的口味最重要。

1. 山羊乳酪沙拉／ 2. 乳酪整塊整塊賣／ 3. 乳酪也是 Pinchos 的常見食材／ 4. 真空包裝保存更方便

羊奶乳酪與牛奶乳酪

牛奶製成的乳酪，聞起來香香暖暖的。比方說在臺灣很常見的切達乳酪，吃起來平滑且溫醇，沒有太多乳腥味。羊奶乳酪則聞起來酸味明顯，竄入鼻中的羊味，還沒吃就印象深刻；吃下去之後，在口中殘留的氣味，則會讓喜歡吃羊的人愛死羊奶乳酪。而綿羊乳酪的味道，則介於牛奶與山羊之間。

Semi Curad 山羊乳酪，為熟成半硬質乳酪

三種常見乳酪

名稱	地區	特色	吃法
Manchego	拉曼查（La Mancha）	咖啡色格菱紋是必備特色，這是用菜刀也很難一刀攻破的硬質乳酪，鹹中帶點焦糖味	配陳年紅酒
Tetilla	加利西亞（Galicia）	外型很像洋蔥，也有人說這是奶頭乳酪。乳酪內層口感偏柔軟，單吃覺得有點苦，加熱融化之後，吃起來更苦	直接吃
Cabrales	奧斯圖利亞（Ribadesella）	藍色乾酪，多是山羊奶混牛奶，風味強烈辛辣，堪稱成人版的乳酪	配白酒

（製表／老蝦）

乳酪哪裡買？

現買現切天然乳酪，找菜市場的乳酪攤販準沒錯，不只是口味多樣，從軟質到硬質的乳酪應有盡有。當然，超市的包裝加工乳酪切片是旅途攜帶的好選擇，不過要找到好貨，還是得靠自己的嘴來挑！

1.Pecorino(左)是羊奶製成的硬質乳酪，適合磨碎搭配臘腸與麵包／2.想買水分多、口感軟一點的乳酪，跟店家說：「Queso fresco.」就可以囉！／3.除了原味乳酪，許多加味乳酪也大受歡迎，例如辣椒乳酪／4.用西班牙山羊 Payoya 與美麗諾綿羊製成的乳酪也叫 Payoya，來自南部加的斯

〖 西班牙超市比一比 〗

　　除菜市場，超市販賣的熟食、水果、麵包、乳酪、火腿是省錢旅人經濟實惠的食物選擇。西班牙超市品牌林立，擅長品項各有千秋，也各擁粉絲。想了解當地人的日常生活，除了逛菜市場之外，走進超市逛一圈，秒懂西班牙為什麼有「平價天堂」的美稱。

1. 有 Mercadona 超市萬事足，生活用品和伴手禮一次搞定／2.Mercadona 自有品牌現榨柳橙汁，激推／3. 上超市採買，豐盛又便宜的早餐不是夢，1 人份不用 €1

〖 超市情報 〗

　　西班牙外食 1 餐約 €10 ～ 20，連續好幾天上館子，荷包受得了嗎？外食族莫驚慌，到超市尋寶吧！西班牙的民生物價十分親民，花小錢就能嘗試各種特色零食或特殊食材。逛逛看你就知道哪家超市貨色最齊全、哪家最受婆婆媽媽喜愛、哪家進口最多舶來品了！（請注意：絕大多數的超市週日不營業！）

Mercadona
老蝦首推

　　市區據點雖然沒有其他品牌多，價格與品質頗有競爭力。自有品牌 Hacendado 的番茄醬、湯罐、義大利麵、洋芋片，甚至是乳酪，物美價廉，而且種類多。超低價 €1 商品較少，多為 €2。但跟 Día 的打折品相比，分量更多，加上服務親切，是我心中的西班牙超市第一名。

DATA ••••••••••••••••••••••••••••••

http www.mercadona.es ✉ Carrer de la Indústria, 129, 08025 Barcelona 📞 938 823 418 🕐 週一～五 09:00 ～ 21:00，週六 09:00 ～ 15:00 休 週日 ➡ Sagrada Familia 捷運站 (L2 或 L5)，沿著 Carrer de Provença 朝 Carrer de la Marina 走，左轉 Av. de Gaudí，左轉 Carrer de Lepant，右轉 Carrer de la Indústria，店在左手邊，步行約 5 分鐘 MAP P.031

Mercadona 的綠色招牌（好想住在隔壁！）

Día
歐洲第三大特價連鎖超市

成立於西班牙的 Día(意同英文的 Day)，是天天都讓人想逛的連鎖超市。郊區分店多屬附設停車場的大型量販店，市區也有多間小型超市。冷藏生鮮有不少 €1 的特價商品，例如切片臘腸、火腿、熱狗以及切片乳酪。運氣好的話，還能買到 1 瓶不到臺幣 20 元的啤酒。

DATA ●●●●●●●●●●●●●●●●●●●●●

http www.dia.es 　✉ Carrer de Freixures, 23, 08003 Barcelona 　☎ 912 170 453 　🕐 週一～六 09:00 ～ 21:00 　休 週日 　➡ Jaume I 捷運站 (L3)，往西北方朝 Via Laietana 前進，右轉 Carrer del Pare Gallifa，左轉 Carror dels Mercaders，右轉 Av. de Francesc Cambó，左轉 Carrer de Freixures，店在左手邊，步行約 5 分 　MAP P.039、044

1.Día 超市外觀／ **2.** 可以當宵夜點心的小蛋糕，Día 東西實在便宜／ **3.** 橄欖油做的下酒餅乾 (Picos Rústicos)

Carrefour
擁有多樣自有品牌

有量販，也有雜貨店形式的家樂福，同一件商品在不同分店的價格可能略有差異，尤其是礦泉水的單價，精打細算的朋友記得多比價。在巴塞隆納以外的家樂福，常見店家會特別標註該區的特產 (如葡萄酒、麵包、優格等)，方便消費者選擇。

DATA ●●●●●●●●●●●●●●●●●●●●●

http www.carrefour.es 　✉ Rambla dels Estudis, 113, 08002 Barcelona 　☎ 914 908 900 　🕐 週一～六 09:30 ～ 22:00 　休 週日 　➡ 從加泰隆尼亞廣場出發，沿著蘭布拉大道往南走，店在右手邊，步行約 3 分鐘 　MAP P.039

1. 巴塞隆納蘭布拉大道的家樂福是量販形式，觀光客非常多，結帳要等上好一段時間／ **2.**Express 是規模較小、品項較少、價格較高的小家樂福

Eroski
進口商品具競爭力

整體價格優勢雖不及 Día、Mercadona 等超市，商品種類眾多，尤其進口項目的優勢，讓它依舊在西班牙占有一席之地。雖然單價似乎比較高，但也有一盒只要 €1 的特價蘑菇。加上每個月有 1 ～ 2 次的超低價促銷，許多民眾都會趁機搶好康。

DATA ••••••••••••••••••••••••••••

http www.eroski.es ✉ Carrer de Casp, 44, 08010 Barcelona 📞 932 616 060 🕐 週一～六 09:00 ～ 21:00 休 週日 ➡ Urquinaona 捷運站 (L1 與 L4)，沿著 Plaça d'Urquinaona 往西北方前進，走 Carrer de Roger de Llúria，右轉 Carrer de Casp，步行約 3 分鐘 MAP P.065

1. 開在山丘上住宅區的 Eroski ／ 2. 自有品牌的 Horchata 飲料，很受當地歡迎／ 3. 在 Eroski 附近發現的鮮奶自助站，新鮮牛奶自己裝

El Corte Inglés 超市
商品齊全又可直接退稅的英格列斯百貨超市

很多人誤以為來自英國，其實是西班牙唯一連鎖百貨公司，也是全球第四大的百貨！不只是精品旗艦店，亦有旅行社、電信等多角服務。推薦附設的超級市場，各式雜貨食品一應俱全，葡萄酒品牌來自西班牙各地，加上可以退稅的優勢，是觀光客採購伴手禮的最愛之一。旗下品牌 Club Del Gourment 的點心糖果很受喜愛，推薦好吃的草莓巧克力 (Besos de fresa)。

DATA ••••••••••••••••••••••••••••

http www.elcorteingles.es ✉ Avinguda del Portal de l'Àngel, 19, 08002 Barcelona 📞 933 063 800 🕐 週一～六 09:30 ～ 21:00 休 週日 ➡ 在加泰隆尼亞廣場旁邊 MAP P.039

1. 英格列斯百貨折扣季廣告／ 2. 百貨附設超市，物品樣樣齊全

其他超市

據點不多，各有專攻

Alcampo

西班牙連鎖超市第二大就屬 Alcampo，分店遍布西班牙境內，在馬德里、巴塞隆納均有門市。不只是服務親切、東西齊全，促銷活動幾乎打中民眾的心，競價不輸給 Día 與 Mercadona。尤其生活用品特別便宜，還可以在門市買到現做的棍子麵包，是很容易一逛就愛上的超市。 www.alcampo.es

如果要 Día 與 Alcampo 挑一家，老蝦優先選 Alcampo

Caprabo

專闢有機食品區，主打食品不加工。相較其他超市，提供更多熟食選擇像是燉麵、海鮮飯等。申辦會員卡，累積的現金回饋可以下次折抵；亦有遊樂園優惠、電影票買一送一等不定期回饋。 www.caprabo.com

與菜市場共構的 Caprabo

Lidl

來自德國的連鎖超級市場公司，在全西班牙有約 300 間店鋪，常出現在傳統市場共構超市，或是郊區方便開車購物之處。茶包、啤酒種類眾多，自有品牌開架式保養品 Cien 深受女性歡迎，特定專屬折扣區也是主婦必看清單。🔤 www.lidl.es

La Sirena

專賣海鮮的超市，新鮮海產或冷凍包裝應有盡有，想吃便宜海鮮來 Sirena 準沒錯。🔤 www.lasirena.es

雜貨店 (小超市)

常見於大城。因應巴塞隆納的觀光、經濟發展，加入 24 小時營業或是週日照常開放的雜貨店越來越多。店員多為華人、印度人或中東人。類似便利商店，以方便的小包裝商品為主，尤其適合深夜或是週日需要緊急購物的人。

逛超市心法

❶ 大部分超市均可刷卡結帳，少部分規模較小的分店，會在收銀台標示消費一定金額以上才開放使用信用卡，結帳前眼睛要張大。

❷ **人工結帳**：排隊等候人工結帳時，先將商品放在輸送帶上，耐心等候是基本禮貌。通常店員開口，八九不離十都是問是否需要購物袋 (La bolsa de plástico，簡稱 Bolsa)。

優格包裝越來越吸睛，看外觀就知道夏天不遠了

私推好物清單

帶些什麼回家,證明自己來過西班牙?不論是吃的、喝的、用的,以下這些伴手禮的共通點是物超所值,將西班牙精神,打包到你的行李箱,帶回家吧!

超市好貨

Alioli 大蒜美乃滋醬

臺式料理常用的大蒜,也是西班牙料理靈魂之一。Alioli 又稱蒜蓉蛋黃醬,香滑順口的美乃滋帶點若即若離的蒜香,是三明治、潛艇堡、炸薯塊、甚至是墨魚燉飯的好醬友,臺灣不常見的滋味,值得帶回家享用。

西班牙大蒜美乃滋的顏色偏白

Pimenton 西班牙煙燻紅椒粉

火紅般色澤的紅椒粉,看似辣口其實異常溫和,紅椒粉在料理上以調味跟裝飾為主,那股煙燻味十分特殊。有 3 種選項,分別是 Dulce 甜、Agridulce 微辣、Picante 辣味,別拿錯囉!

菜市場賣的紅椒粉,有分辣與不辣,別拿錯囉

Romesco 加泰隆尼亞沾醬

常搭配烤蔬菜或是肉類、海鮮,由紅椒、番茄、去皮杏仁、橄欖油、大蒜、燻紅椒粉等製成,爽口的酸味十分開胃。不論是抹在麵包上、搭配烤肉,或是直接作為蔬菜沾醬,都很適合。

Romesco

Carmencita 西班牙燉飯料理粉

不只是菜市場,在超市也找得到。成分帶有藏紅花,不用再辛苦張羅配方,而且獨立小包裝收納方便。有藍色(古早味)、橘色(瓦倫西亞風)與綠色(海鮮)口味,分別適合搭配不同食材。只要準備肉類或海鮮、生米、鍋子,將西班牙風味料理端上桌與親友共享,非難事。

Carmencita 料理粉

Black Allium Alioli 黑蒜蛋黃醬

營養價值高的黑蒜,在西班牙逐漸受到歡迎,雖然製造商不如大蒜美乃滋醬來得多,但是也漸漸可以在有機超市,或是英格列斯百貨超市找到喔!另有一款產自瓦倫西亞的黑蒜醬(Allinegre Artesano)也頗受好評,只在瓦倫西亞地區限定販售!

比較常見於有機超市的黑蒜蛋黃醬

Sardinillas en aceite de oliva
橄欖沙丁魚罐頭

新鮮海產只能吃到肚子裡，不能手提帶回家怎麼辦？西班牙優秀的海鮮罐頭，有沙丁魚、鮪魚，還有章魚等，除了橄欖油原味外，還有特殊的葵花口味！

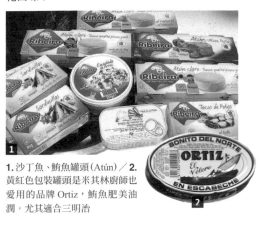

1.沙丁魚、鮪魚罐頭(Atún)／2.黃紅色包裝罐頭是米其林廚師也愛用的品牌 Ortiz，鮪魚肥美油潤，尤其適合三明治

LA VIEJA FABRICA 果醬

來自南部塞維亞小鎮的果醬品牌，一罐約€3，是超市長青尚品。果醬中含有大顆果實肉是特色，標榜健康風味、傳統製作方法，亦有減糖款式。推薦苦橘 (Naranja amagra)、桃子 (Melocotón)、草莓 (Fresas) 口味。

左到右分別是桃子、草莓與覆盆子 (Frambuesa) 口味

Bombón de higo 無花果巧克力

當微酸且口感十足的無花果乾，遇上黑巧克力，令人百吃不厭。Rabitos Royale 品牌的無花果巧克力，在特殊節日還會推出限定款，例如萬聖節時的紅椒無花果巧克力，亮橘色包裝，十分討喜。

Rabitos Royale 的萬聖節限定版

Patatas fritas Clásicas 100% aceite de oliva 橄欖油洋芋片

成分為馬鈴薯、橄欖油和海鹽，與原味洋芋片不同的地方在於洋芋片色澤更加金黃，而且口感偏脆，是很西班牙的零嘴小吃。哪個品牌最好吃？實在太難抉擇了。另一款黑色包裝、看起來質感更高級的 Lays gourmet patatas fritas，也是暢銷伴手禮。

橄欖油洋芋片

El gallo rojo 荷包蛋洋芋片

El gallo rojo 為西班牙阿拉貢區的在地零食公司，原先只在雜貨店販售，到現在各大超市都可見，煎蛋的香氣與喀滋喀滋的口感很搭，不輸給鹹蛋洋芋片，看到時別錯過。

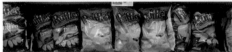

1. 荷包蛋洋芋片／ 2. Lays 在地特殊口味洋芋片就屬生火腿、火腿乳酪和番茄酸奶，最深得我心

Marcilla 咖啡

歐洲無人不知的西班牙國民咖啡品牌 Marcilla，風味都是經過多次實驗搭配而成。價格實惠，喝起來清爽舒心，多數超市都有販售，口味至少 2 種以上，除了有摩卡壺專用咖啡粉外，也有便利的即溶咖啡、咖啡豆等，一喝成主顧。

Marcilla 咖啡粉

Trias 手工餅乾

在英格列斯百貨超市發現的 Trias 手工餅乾，是加泰隆尼亞特有的風味點心。已是百年品牌的 Trias，以選用在地食材與不添加防腐劑自豪，包裝精緻，送禮自用都大方。我尤愛 Trias 的杏仁 (Nuelet d'ametlla) 與柳橙味的蛋卷 (Nuelet de taronja)，是臺灣沒有的滋味。

Trias 手工蛋卷

Orlando tomate frito 番茄醬

如果你嚮往天然的番茄醬罐，一定要來西班牙一趟。這間超過 89 年歷史的西班牙本土食品公司，主要研發醬料。零售通路遍及各大超市，其中這款鋁箔包裝的番茄醬適合烹飪義大利麵或是燉飯，酸度適中，也不會太甜。

Orlando tomate frito

Knorr Crema de alicia 康寶蔬菜濃湯

如果習慣自己煮，大部分超市多有販售的康寶蔬菜濃湯，南瓜與紅蘿蔔的味道非常合拍。不只可直接微波熱來喝，也推薦搭配螺旋麵或是燉飯，很美味喔。

康寶蔬菜濃湯

即溶巧克力粉

說到泡熱巧克力牛奶，品牌多到眼花。Nestle nesquik、Cola Cao、Cacaola、Valor 等，各有鐵粉支持。建議直接加熱牛奶後，倒入粉包，風味更加濃醇。如果要買沾油條專用的濃稠巧克力醬，指名包裝標有「a la Taza」字樣才是。

右上角的巧克力粉寫著 a la Taza，就是沾油條專用的巧克力醬

Cacaolat Original 巧克力奶

巴塞隆納本土品牌，幾乎所有當地家庭冰箱裡都會有的飲料。帶有核果香氣與濃郁的口感，另有小孩早餐專用的營養巧克力奶，是加泰隆尼亞人從小到大、從路上看板到電視廣告，都看得到的飲料品牌。

Cacaolat 不只有原味，還有 Cacaolat 0% 零脂肪與無糖，要喝多濃的口味隨你選

Font Vella Levité 果汁

西班牙飲用水品牌所推出的果汁口味飲料，這款 Lima 口味喝起來很像古巴調酒 Mojito 的無酒精版本，尤其帶一點點薄荷，是夏天的消暑良方，再加點蘇打水或是啤酒，更是舒暢。

Font Vella 無酒精飲料

其他推薦

Torrons Vicens 傳統點心杜隆糖

家族企業經營的 Nougat 傳統點心店。Turrón de Agramunt 香脆可口，這種由杏仁與蜂蜜製成的經典款杜隆糖，吃起來不黏牙，容易一口接一口。推薦紅酒口味 Turron al vino albert adria natura，外脆內軟的紅酒夾心入口即化，酒香四溢，齒頰留香。除了專賣店外，亦提供網購。

哪裡買？ ▸ Vicens 專賣店

http www.vicens.com ✉ Carrer de Provença, 265, 08008 Barcelona, Spain 📞 934 881 764
🕐 每日 09:00 ～ 20:30　MAP P.065　⁉ 英格列斯白貨超市 (P.180) 也買得到

1.Torrons Vicens 甜點櫃／2. 琴酒、Mojito 酒口味的軟杜隆

西班牙文化書籍

Triangle Postals SL 出版非常多關於西班牙的書籍，包括加泰隆尼亞區、達利、島嶼介紹、各地食譜菜肴等，重點是超過 10 種語言的翻譯（包括中文），是熱愛文化、藝術、食譜研究的你遇到書店時，可考慮入手的好物。

哪裡買？ • Casa del Libro

http www.triangle.cat/libros

✉ Passeig de Grácia, 62, 08007 Barcelona

☎ 902 026 407　🕐 週一～六 09:30 ～ 21:00 ，週日與假日 11:00 ～ 21:00　MAP P.065

透過書認識西班牙的各種風情

Xhekpon crema facial de colágeno antiarrugas 除皺霜

因為明星推薦造成熱賣風潮的除皺霜，外觀很像家用藥膏，價格實惠。Xhekpon 也有出護手霜（Crema de Manos）與眼唇霜（Crema Contorno de Ojos y Labios），請根據實際需求向醫療人員諮詢。

http www.xhekponecuador.com

Xhekpon 除皺霜，大間的藥局多有販售

哪裡買？ • 市區藥局

La Chinata 橄欖油保養系列

西班牙十大初榨橄欖油公司之一，橄欖油保養系列品質享譽國際，亦提供特級初榨橄欖油、調味橄欖油、橄欖油周邊點心等產品，是觀光客必訪之地。推薦橄欖油護手霜、橄欖油面泥、橄欖油製成的護唇膏和護唇球。

哪裡買？ • La Chinata

http www.lachinata.es

✉ Passeig del Born, 11, 08003 Barcelona

☎ 934 816 940　🕐 週一～六 10:00 ～ 21:00，週日 12:00 ～ 19:00　MAP P.044

左為特級初榨橄欖油，右為無花果小麥手工肥皂

KOKUA 芭蕾舞鞋

具 30 年以上歷史、家族經營的巴塞隆納手工鞋品牌，超過 350 種顏色，可根據自己的尺碼找款式。鞋皮很軟、好穿、不咬腳，重點是獨一無二，不會撞鞋。

哪裡買？ • KOKUA

http kokuabarcelona.com

✉ Carrer de la Boqueria, 30, 08002 Barcelona

🕐 週一～六 09:30 ～ 21:15，週日 10:00 ～ 21:00　MAP P.039

芭蕾舞鞋 KOKUA 門市

1. 水果跟阿嬤笑容一樣甜的水果攤／ 2. 阿公坐鎮吧台、阿嬤負責廚房的可愛小酒館／ 3. 市場永遠是吃早餐的好地方，烈口的茴香酒不愧是爺們的心頭好／ 4. 能在黑壓壓的雪利酒桶上寫名字實在太感人／ 5. 熱巧克力上快要溢出來的鮮奶油，很西班牙／ 6. 賣沙威瑪烤肉的老闆知道 Taiwan，而非 Thailand

So Easy! 年度銷售排行榜冠軍旅遊書系

世界主題之旅
118

'20-'21 最新版

巴塞隆納自助超簡單
精選分區玩樂 X 實用點餐教戰

國家圖書館出版品預行編目 (CIP) 資料

巴塞隆納自助超簡單：精選分區玩樂 X 實用
點餐教戰 / 老蝦作 . -- 二版 . -- 臺北市：太雅，
2020.01
　　面；　公分 . -- (世界主題之旅；118)
ISBN 978-986-336-352-1(平裝)

1. 自助旅行 2. 西班牙巴塞隆納

746.19　　　　　　　　　　　　108014345

作　　　者	老蝦
總　編　輯	張芳玲
編輯部主任	張焙宜
發想企劃	taiya 旅遊研究室
企　劃　編	張芳玲、林云也
主　責　編輯	林云也
修　訂　編輯	鄧鈺澐
封　面　設計	賴維明
美　術　設計	賴維明
地　圖　繪製	余淑真

太雅出版社
TEL：(02)2882-0755　FAX：(02)2882-1500
E-mail：taiya@morningstar.com.tw
郵政信箱：台北市郵政 53-1291 號信箱
太雅網址：http://taiya.morningstar.com.tw
購書網址：http://www.morningstar.com.tw
讀者專線：(04)2359-5819 分機 230

出　版　者	太雅出版有限公司
	台北市 11167 劍潭路 13 號 2 樓
	行政院新聞局版台業字第五○○四號

總　經　銷	知己圖書股份有限公司
	106 台北市辛亥路一段 30 號 9 樓
	TEL：(02)2367-2044 ／ 2367-2047　FAX：(02)2363-5741
	407 台中市西屯區工業 30 路 1 號
	TEL：(04)2359-5819 FAX：(04)2359-5493
	E-mail：service@morningstar.com.tw
	網路書店 http://www.morningstar.com.tw
郵　政　劃撥	15060393(知己圖書股份有限公司)

法　律　顧問	陳思成律師
印　　　刷	上好印刷股份有限公司　TEL：(04)2315-0280
裝　　　訂	大和精緻製訂股份有限公司　TEL：(04)2311-0221

二　　　版	西元 2020 年 01 月 01 日
定　　　價	330 元

(本書如有破損或缺頁，退換書請寄至：台中市西屯區工業 30 路 1 號　太雅出版倉儲部收)

ISBN　978-986-336-352-1
Published by TAIYA Publishing Co.,Ltd.
Printed in Taiwan

編輯室：本書內容為作者實地採訪資料，書本發行後，開放時間、服務內容、票價費用、商店餐廳營業狀況等，均有變動的可能，建議讀者多利用書中網址查詢最新的資訊，也歡迎實地旅行或居住的讀者，不吝提供最新資訊，以幫助我們下一次的增修。聯絡信箱：taiya@morningstar.com.tw

填線上回函，送 "好禮"

感謝你購買太雅旅遊書籍！填寫線上讀者回函，
好康多多，並可收到太雅電子報、新書及講座資訊。

每單數月抽10位，送珍藏版
「祝福徽章」

方法：掃QR Code，填寫線上讀者回函，
就有機會獲得珍藏版祝福徽章一份。

填修訂情報，就送精選
「好書一本」

方法：填寫線上讀者回函，並提供使用本書後的修
訂情報，經查證無誤，就送太雅精選好書一本(書
單詳見回函網站)。

* 同時享有「好康1」的抽獎機會

巴塞隆納自助超簡單
'20-'21最新版

t.cn/E4fSUkc

* 「好康1」及「好康2」的獲獎名單，我們會
於每單數月的10日公布於太雅部落格與太
雅愛看書粉絲團。

* 活動內容請依回函網站為準。太雅出版社保
留活動修改、變更、終止之權利。

太雅部落格 http://taiya.morningstar.com.tw

有 行 動 力 的 旅 行 ， 從 太 雅 出 版 社 開 始

太雅 23 週年慶

發票登錄抽大獎
首獎 澳洲Pacsafe旅遊防盜背包

凡於 **2020/1/1～5/31** 期間購買太雅旅遊書籍(不限品項及數量)
上網登錄發票，即可參加抽獎。

首獎
澳洲Pacsafe旅遊防盜背包 (28L)

RFID晶片
防側錄口袋

專利防盜鎖扣

2名

普獎
BASEUS防摔觸控靈敏之
手機防水袋

顏色
隨機出貨

80名

掃我進入活動頁面
或網址連結 https://reurl.cc/1Q86aD
活動時間：2020/01/01～2020/05/31
發票登入截止時間：2020/05/31 23:59
中獎名單公布日：2020/6/15

活動辦法
● 於活動期間內，購買太雅旅遊書籍(不限品項及數量) ，憑該筆購買發票至太雅23周年活動網頁，填寫個人真實資料，並將購買發票和購買明細拍照上傳，即可參加抽獎。
● 每張發票號碼限登錄乙次，並獲得1次抽獎機會。
● 參與本抽獎之發票須為正本(不得為手開式發票)，且照片中的發票須可清楚辨識購買之太雅旅遊書，確實符合本活動設定之活動期間內，方可參加。
● 若發票存於電子載具，請務必於購買商品時，告知店家印出紙本發票及明細，以便拍照上傳。

＊主辦單位擁有活動最終決定權。如有變更，將公布於活動網頁、太雅部落格及「太雅愛看書」粉絲專頁，恕不另行通知。